JN044632

社会保障と政治、そして法

中島　誠

信山社

◆第二部◆
社会保障制度を巡る政治的決定の過程（プロセス）

◆第４章◆　　我が国における政治的決定を巡る過程
　　　　　（プロセス）の特徴 ―――――――――― *73*

社会保障と政治、そして法

は　じ　め　に

　筆者は、厚生労働省等において長年社会保障行政に携わるととも
に、縁あって幾つかの大学からお声掛けをいただき、社会保障法や
立法過程論等を講じる機会を持たせていただいた経験を有している。
本書は、そうした霞が関での実務とともに、法学・政治学というア
カデミズムの一端を垣間見た人間が、次の三つの言葉に触発されて、
社会保障を巡る法と政治について、法学、政治学分野の諸論稿に導
かれながら、感じ、思い、考えたことを書き留めたものであり、実
務とアカデミズムの架橋の一つとなればと試みるものである。

　まずは、憲法学者の長谷部恭男による以下の言である[1]。

「生きるためのぎりぎりの『生存権』は、同じく自己保存の要請に
よって基礎づけられているはずの所有権を覆す切り札となる。しか
し、それを認めることは、富者にとっては、極めて困難なことであ
ろう。富者が神の国に入ることは、ラクダが針の穴を通るよりも難
しい（『マルコによる福音書』10：25）」

　社会保障の守備範囲や給付水準を巡っては、国家からの自由と国
家による自由との政治的な衝突（conflict）を経て、決定される。
果たして、人生の幸福と不幸、成功と失敗は、能力と努力によるも

---

[1]　長谷部恭男「消極的共有と私的所有の間」同『神と自然と憲法と　憲
　　法学の散歩道』（勁草書房、2021 年）191 頁。

のなのか、はたまた運に大きく左右されてしまうものなのか。その答えは一概には見出せない。そして、富者は経済的資源にとどまらず政治的資源も併せて有するのが一般的であることに鑑みると、所得再分配を中核とする複雑な社会保障制度の改革は、いかに険しく困難なものであるかを象徴するフレーズである。

次は、現在厚生労働省に置かれている社会保障審議会の前身である社会保障制度審議会（事務局：総理府）の委員を長年務めた今井一男による以下の言である[2]。

「社会保障はもっとも政治的なものである。そして社会保障は最も政治的に扱われてはならないものである」

社会保障は、国民の日々の生活に直結する身近で重大な関心事であり、選挙では大きな争点の一つに挙げられ、国会審議において安全保障と並ぶ与野党対決法案の常連である。まさに、政治そのもの。一方で、社会保障は、国民が健康で安心安定した生活を送るための不可欠の基盤で、中長期的視点に立って、制度の持続可能性を模索すべきものであり、目先の党利党略を離れ、可能な限り与野党が協調して改革を進めていくべきものである。衝突（conflict）が政治の常であるならば、まさに、非政治的であるべきもの。

しかし、少子高齢化と経済低成長の中でその行き詰まりが明白であるにもかかわらず、給付削減と負担増加には反対という世論とそれに迎合する政治のポピュリズムの中で翻弄され続けてきたのが社会保障制度改革であり、社会保障制度の将来像とそれに到るステップが明確にされないまま、当面の財政対策として、負担の引き上げ

---

(2)　総理府社会保障制度審議会事務局監修『社会保障制度審議会三十年の歩み』（社会保険法規研究会、1980年）156頁。

と給付の切り下げを小出しにする局面が長年にわたり続いている。

　そして、改革を先送りする背景には、国民の政治・行政に対する不信感の強さや、現役サラリーマン層や都市生活者を中心に税負担に対する還元の実感の乏しさとともに、政治におけるコンセンサス重視によるリーダーシップの封印構造、さらには、国民自身の当事者意識や主権者意識の乏しさ（被害者意識にまで昇華している場面も多く見られる）、普遍的規範意識の希薄さといった日本人の精神風土が横たわっている。

　最後は、社会保障法に造詣の深い行政法学者である太田匡彦による以下の言である[3]。

「社会保障制度について最低限のものを備えることを日本国憲法は要求しているとは言えても、それを越えたところで設定すべきレベルを定めることが、ここまでは必要という文脈でも、これ以上は違法という文脈でも困難であり、政治決定にゆだねられていることを示す。この結果、社会保障制度のあり方は根本的には政治決定にゆだねられ安定しない。…社会保障を制度化するにあたり決定すべき諸点は広範に及び、原則の不在を語ることしかできないかのような形で日本の社会保障制度は複雑な様相を示す。これはまさに、実定法に立脚しつつもそこから諸原則を導き、個別法の不整合な発展に再考を促す機能を持つ法ドグマーティクの発展が社会保障領域において不十分であることを示している。…社会保障制度は変転する社会状況の中で常に手直しされねばならない運命にあり、法は、このような制度に理解可能性を与え、かつ理解可能であることを要求す

---

(3)　太田匡彦「リスク社会下の社会保障行政（下）」ジュリスト1357号
（2008年）97、104、106頁。

ることで、制度への信頼を確保する一助を提供する役割を負っている」

　我が国憲法の下で、社会保障の制度設計は政治に委ねられざるをえず、原則を見出せないままに安定しない宿命の中で、制度への信頼を確保するために、社会保障法学がどういった役割、使命を担うべきなのかを鋭く指摘するものである。

　本書は、これらの言葉に触発され、社会保障を巡って如何なる価値選択が政治的決定に委ねられ、どのような過程を経て政治的決定が行われているのか、そしてその政治的決定には、決定の内容面と決定の手続面の双方において、どのような法的な枠組、制約が課されるべきなのか（①政治的決定の内容を規定する法的枠組、②-1 政治的決定の過程における権力付与を規定する法的枠組、②-2 政治的決定の過程における権力行使を縛る法的枠組）について、法学、政治学を中心に諸論稿を渉猟しながら考察しようとするものである。
　具体的には、①について、社会保障制度に特有な法的道具立てに関する考察を深め、社会保障法総論の厚みを増すことが社会保障法学の次なる役割ではないかという問題提起を行うとともに、②-1、②-2 について、憲法学、政治学において、コンセンサス重視のリーダーシップの封印構造を解き、リーダーシップの発揮とそれに対する自制と他律を促す権力観及び統治機構論への転換を主張するものである。

　なお、本書では、(i) 社会保障及び日本政治に関する個々の制度や出来事・人物についての具体的解説は行ってはおらず、ともすれば議論が簡略かつ抽象的になりがちであること、(ii) 特に第二部では主旋律が繰り返し展開されていること、また、前著『立法学―序

論・立法過程論─』同様、(ⅲ) 筆者の考えとそれと軌を一にする文献の渉猟に留まり、それに対峙する言説の紹介・考察が十分には行われていないこと、(ⅳ) 先行業績の蓄積の上に立った新たで精緻な理論や体系の展開がなされていないことを、筆者自身自覚している。

　本書は、現実の政治課題と学術成果との間を繋ごうとする一つの拙い試みであり、読者の皆様にはご宥恕いただければ幸いである。

◆ 第一部 ◆
社会保障制度を巡る政治的決定の内容（コンテンツ）

第 1 章

社会保障制度改革における
政策理念を巡る対立軸

◆ 第 1 節　社会保障制度改革における二大論点

　社会保障制度を巡る改革は、年金、医療、介護、福祉（生活保護、障害者施策、少子化対策等）といった各分野で累次行われ、今後も引き続き行われていく必要があるが、その多くは、与野党対決法案と称されることに見られるように、その方向性や具体的内容について、活発で先鋭的な論議が重ねられるのが通例である。

　ただ、そこに通底している論点は、どの分野においても、次の 2 点に集約される。すなわち、①財源論としての給付と負担の公平性、②サービス論としての、(i)サービス供給の効率性、(ii)利用者がサービスを選択できる許容度と実現可能性、である。

(1) 給付 対 負担 （ファイナンス）

　生活上の如何なるリスクを対象に、現金なりサービスをどの範囲、どの水準まで給付するのか、そして、それらに要する財源をどこに求め、誰にどの程度負担してもらうのか。給付と負担は本来的に表裏の関係であり、確たる負担を伴わない制度は、その持続可能性に疑問符が付く。

　その点で、我が国の社会保障制度は、負担論を先送り、回避し、給付拡充が先行する形で整備がなされてきた点に大きな特徴があり、それが今日、さらには将来の宿痾となっている。とりわけ「福祉元

年」と呼ばれる 1973 年は、医療では、老人医療費の無料化、国民
健康保険及び被用者保険家族における 7 割給付への引き上げ、高額
療養費制度の創設、年金では、物価スライド制の導入、厚生年金給
付水準の被保険者平均賃金 6 割相当への引き上げなど、大幅な給付
の拡充が図られたが、その財源は、引き続きの経済成長への期待を
前提に、その果実を当てにしたもの（負担論の回避）であった。し
かし、まさに同年の第 1 次オイルショックによって、それまでの高
度経済成長に終止符が打たれてからは、負担の裏打ちなく膨張する
社会保障給付を賄うべく、国民の多くが「給付は厚く、負担は軽
く」と望む中で、負担の引き上げと給付の切り下げを小出しにした
社会保障制度の見直しが累次重ねられ、給付の受け手とその費用を
負担する者との「公平」を巡る議論が闘わされてきたのである。

(2) サービスの供給主体と利用者による選択決定（デリバリー）

　医療、介護、福祉といったサービス給付が主となる分野では、
サービスの供給主体として営利法人（株式会社）を認めるか認めな
いか、すなわち市場競争原理を導入し、その効率性に期待するかど
うかの問題があり、種々の理由により認めない場合には、営利を禁
じるためのどういった法人形態が考えられるのか（国公立の他に、
医療法人、社会福祉法人といった形態）、認める場合にも、完全な市
場競争原理に委ねるのではなく、市場における営利法人（株式会社）
の活動にどういった制約を設けるのかといった、いわゆる参入規制、
行為規制の問題がある。

　それとともに、サービスの供給主体が如何なるものであれ、サー
ビスの利用者がサービス提供者やそこから提供されるサービスの種
類と量をどこまで自由に選択することが出来るのかという、利用者
がサービスを選択できる制度上の許容度と、それが実際に実現可能

なのかの問題がある。

a．参　入　規　制

　医療、介護、福祉の分野においては、現行制度上、多くの局面で、営利法人（株式会社）はサービスの供給主体になることはできず、国公立の他、医療法人、社会福祉法人といった営利を目的とせず利益の分配が禁じられている法人に限られる。

　その理由としては、①利益を上げるためにコストの過度の削減に傾きがちであり、サービスの質が担保されなくなること、②利益を上げるために必要以上に過度のサービス提供が行われがちであること、③利益が上がらなければ市場から撤退するため、持続的・安定的なサービス提供が保証されないことといった点が挙げられる。一方で、市場原理を軽視した単純な営利法人（株式会社）悪玉論では、サービス市場が拡がらないとともに、競争原理も働かず、必要とされるサービスの量や質の確保がそもそも困難となる。そのため、上記の懸念を払拭する市場のルールを整備し（その際、行政による市場への過度な介入とならないことが肝要）、それを順守することを条件に、営利法人（株式会社）の参入を認め、市場原理を働かせた効率的で良質なサービス提供を図ることが現実的な考え方となる。

　実際にも、介護、福祉における在宅サービス、通所サービスについては、営利法人（株式会社）の参入が認められてきているが（なお、入所施設については、上記③の理由から、未だ認められていない）、同じ種類のサービスを提供する社会福祉法人や医療法人は税制優遇を受けることが出来るのに、営利法人（株式会社）はそうした優遇の対象とならず、イコール・フィッティングの観点から不公平であるとの指摘がなされている。

b. 利用者による選択の許容度と可能性

　サービス利用に当たっては、利用者による選択がどこまで認められ、それが現実にどこまで実現可能なのかも、大きな論点となる。

　そこでは、認知症高齢者や知的障害者、精神障害者の方々に対する意思決定支援の問題とともに、選択の前提となる各種サービス及びその供給主体の情報開示がなされていること、そして、利用者の集団でもある保険者がいかに情報を収集、分析、評価し、加入者（被保険者）にわかりやすく提供するかが重要となる。

(i) 情 報 開 示

　情報開示は、サービスの提供主体と利用者の間に情報の非対称性が存在することが通例であることから、必要とされる。例えば、がん患者が医療機関を選ぶ際に、医療機関毎の部位別の症例数や5年後生存率といったアウトプット、アウトカム指標が開示されていれば、それを参考に、自らの選択を行うことが出来る。もっとも、これについては、開示される情報の信憑性や供給主体間の過度の競争を生み出すといった観点から、医師会など供給サイドの業界団体（利益団体）から消極的な姿勢が示され（由らしむべし、知らしむべからず）、理解と協力を得られない局面も多い。

(ii) 保険者機能

　ここで保険者機能が意味するのは、サービスの供給主体と比して、サービスの受け手である利用者（同時に医療保険、介護保険の加入者（被保険者）でもある）は、置かれた立場、有する情報量等の面で往々にして「弱い」立場にあるため、（労働法学における、使用者に比して「弱い」労働者の概念と同様、）サービスの受け手が連帯することが必要、ということである。これは、例えば、或る医療機関の

治療実績に係る客観的データや患者の主観的満足度はどの程度かといった情報を、保険者として収集、分析、評価し、それを加入者に提供して、その選択に資するとともに、国や地域において、医療計画等を通じ、質の高い効率的な医療提供体制を整備するに当たっての基礎資料ともするものである。

　究極の保険者機能は、保険者が自らの判断で、保険料率の決定だけでなく、給付範囲、給付水準や報酬（価格）を設定するとともに、保険給付の対象となる医療施設、介護施設を選別することであろうが、これについては、我が国社会保障の大きな特色である利用者の医療・介護へのフリーアクセス確保（保険証一枚でどの施設も利用できる）を阻害することになるといった根本的な批判や、自らの専門的裁量や顧客数を狭められることになる医師会など供給サイドの業界団体（利益団体）から、致命的な問題であるとして断固反対の政治的運動が展開されることとなる。

◆ 第 2 節　社会保障における人間像

　社会保障制度を構築するに当たって前提となる人間像とは、そもそもどのようなものであろうか。人間のいわゆる本性というか人間像については、古くは諸子百家における性善説、性悪説に遡ろうが、筆者は、厚生労働省在籍中、某大臣が内閣改造に伴って離任される際の職員挨拶で、自らの政治家としての基本姿勢として述べられた「性弱説」に深く感銘を受けたことを覚えている。それは、人間というのは元来弱い存在である、だからより強くなろうと努めなければならないし、だからお互い助け合っていかねばならないのだと。まさに社会保障の本質を表わした名言であろう。

　アカデミズムの世界での社会保障法における人間像については、

社会保障の法的基礎付けを、従来の憲法 25 条に見出すのではなく憲法 13 条に見出すべきだと提起する菊池馨実のいわゆる「自律」基底的社会保障法論を巡って、活発な論争が展開された。菊池によると、そこでの人間像は、単なる給付の客体ではなく、人格的に自律した存在として主体的に自らの生き方を追求するという人間像であり、それを可能にするための条件整備が社会保障の目的であって、そこでいう自律的個人は、共同体における個人間の関係性を前提とした存在であり、また自己利益だけを追求する存在とも考えられない旨が述べられている[1]。

　上記のいずれも、弱くもあり強くもあり、自助と連帯の間を揺れ動き続ける人間像を表している点で共通していよう。脱線を承知で言えば、稀代の名時代小説たる池波正太郎『鬼平犯科帳　明神の次郎吉』での主人公・長谷川平蔵の台詞、「人間とは妙な生きものよ。悪いことをしながら善いことをし、善いことをしながら悪事をはたらく」[2]、すなわち、善でもあり悪でもあり、弱くもあり強くもあり、才能と努力、そして運、こうした奥深い生身の人の性（さが）を肯定することから、世間を生きる人間の安らぎを支える社会保障（、さらには世間を生きる人間が織りなす政治）への理解と愛惜も生まれることになる。

---

(1)　菊池馨実「社会保障法における人間像」同『社会保障法制の将来構想』（有斐閣、2010 年）58 頁（初出 2008 年）。
(2)　池波正太郎『鬼平犯科帳　決定版（八）』（文藝春秋、2017 年）159 頁（初出 1972 年）。

◆ **第 3 節　自助と連帯の間の揺らぎ＝「保障」の揺らぎ**

⑴ 自助と連帯のバランス

　才能と努力、そして運によって自分で稼いだものは全部自分で好きなように使えるのが当然であって、そうでなければ人は頑張りなどしない、頑張る一人一人が居てこそ健全な社会や国家が成り立つ……これが自助の基本にある考え方。一方で、才能や運は人によって差があることは否定できず、自分が望むようには生きられないことが間々あるのが人生、だからお互いいざという時は助け合わないと自分も助けてもらえない……これが連帯の基本にある考え方。

　社会保障を考えるに当たっては、人が生きていく上でのまさにこうした原点をどう考えるべきかが鋭く問われることになるわけであり、これはまた難問である。人は強くあるべきであり、自分の力と責任で生きてゆくべきか（自助）、人は元来弱いものであり、他者と助け合いながら生きていかざるを得ないのか（連帯）については、それぞれの人の、また同じ人であってもその時点で置かれた境遇によって異なってくるものであり、一律に二者択一で決めることは出来ない。

　そして、法学、政治学、経済学といった社会科学の歴史は、こうした難問と正面から格闘してきた歴史でもある（次頁図 1 参照）。

　ただそうは言っても、何が起こっても完全な自己責任で解決すべきとする自助 100 ％の世の中、逆に、勤労を始めとする自助に向けた努力を怠っても国や社会が救いの手を差し伸べてくれるという連帯 100 ％の世の中という両極端な姿は考えにくい。そこで、この自助と連帯のバランスをどう図るかということになり、この問題は、生きていく上での様々なリスクの中で、何を社会保障の給付対象とし、給付水準をどのレベルに設定するか、そうした給付に要する財

図1：自助と連帯を巡る各分野の対立—社会科学における中心的論点

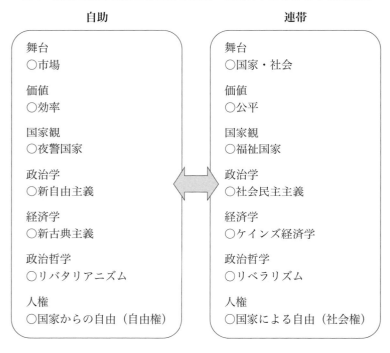

自助

舞台
○市場

価値
○効率

国家観
○夜警国家

政治学
○新自由主義

経済学
○新古典主義

政治哲学
○リバタリアニズム

人権
○国家からの自由（自由権）

連帯

舞台
○国家・社会

価値
○公平

国家観
○福祉国家

政治学
○社会民主主義

経済学
○ケインズ経済学

政治哲学
○リベラリズム

人権
○国家による自由（社会権）

源は誰がいかなる形でどれだけ拠出するのかという、社会保障制度の設計を巡る論点に帰着する。

　そうした中において、一つの制度内で、自助と連帯のバランスをとり、両者を調和させる枠組として、1880年代にドイツのビスマルク宰相の治世下で発明されたのが、社会保険という仕組であり、今日まで社会保障制度の主翼を成すものとして発展してきた。

⑵ 社会保険とは

では、自助と連帯のバランスをとり、両者を調和させる仕組とは、

具体的にはどういうものなのか。そもそも保険原理は、リスクに遭遇する確率が各人とも同じであることを前提に、保険集団を作ることでそのリスクを分散させるものであり、まさに自助の一環として位置付けられるが、社会保険は、リスクに遭遇する確率が各人異なることを許容し、リスクが低い者も強制加入させることで、保険原理を扶助原理によって修正し、単なるリスク分散機能だけではなく、当初から所得再分配による連帯機能も併せて担わせるというものである。

a.　民間保険と社会保険の違い

　民間保険と社会保険の違いの最たるものは、民間保険は任意加入であるのに対し、社会保険が強制加入であるということである。

　具体的には、年金保険では、強制加入であることにより、そして、現在の日本の年金制度のように賦課方式を採ることによって、原則として 20 歳以上の国民全員に保険料を納める義務を課し、現役世代に高齢者への年金給付を賄うに足る財源を負担させることで、インフレによる給付額の目減りを起こさせることなく、年金の実質的価値を担保することが可能となる。また、医療保険では、当初から高いリスクを有し、医療費が嵩んでしまう弱者は、リスクの低い者から同じ保険集団に属することを敬遠され、保険から排除されてしまうことになるが、リスクの低い者も強制加入によって取り込むことで、弱者が排除されてしまうのを防ぐことが出来る。

　ただ、それならば、年金も医療も、その財源を税に見出せばよいのではとの考えも生じよう。

b.　社会保険方式と税方式の違い

　そこで、社会保障の方式として、社会保険形式をとるか税方式を

とるかの違いは何なのかということになる。それは、負担と給付の間に牽連性、対価性があるかどうかの違いである。

　すなわち、社会保険の方式によれば、社会保障の給付はそれまで保険料を負担していたことを要件としてなされるのに対し、税方式ではそうした関係が求められないということである。シンプルに言えば、社会保険方式では、自助努力として普段から保険料を納めていたから、給付を受ける資格が発生する（負担と給付の間の牽連性、対価性）のに対し、税方式では、普段から税を納めていない者であっても、給付を受ける資格が発生する。すなわち、民間保険＝自助、社会保険＝自助と連帯の調和、税＝連帯という構図となる。

　社会保険と民間保険、社会保険方式と税方式の違いを理解することは、社会保障を学ぶ上で基本中の基本であり、島崎謙治「社会保険の原理と意義」(3)が明快な解説を行っているので、ぜひ目を通されたい。

◆ 第4節　社会保障制度改革の決着点としての政治的決定

(1) 政治が決める

　自助と連帯の調和を可能とする仕組である社会保険であるが、その制度設計及び運営において、自助と連帯のバランスをどこでとるのかという点が問題となる。自助に重心を置くならば、給付と負担の規模及び所得再分配機能は極力小さくすることとなるし、連帯に重心を置くならば、その逆となる。わかりやすい例で言えば、医療保険での患者による医療機関での窓口一部負担の割合は、1割なの

---

(3)　河野正輝・中島誠・西田和弘編『社会保障論〔第3版〕』（法律文化社、2015年）208頁。

か3割なのか、はたして5割なのか、はてまた8割となるのか。

　では、それは誰がどこで決めるのかということになるが、医療保険の例で言えば、健康保険法等においてどのような規定を設けるのかということとなり、それは憲法に定められた唯一の立法機関である国会での決定に委ねられる。すなわち、それを決めるのは、政治だということになる（政治的決定）。

　それでは、そうした決定を、国会は立法裁量という名の下で自由に行えるのか、そこに制約は存在しないのか、多数決原理が妥当する国会において、例えば、いわゆるマイノリティの存在が無視されてよいのかという問題である。

(2) 法学の役割

　そこで、その政治的決定の内容に対し、憲法等に依拠した規範的枠組を提供するのが社会保障法学の大きな役割の一つとなる。

　そうした主張として、（これまでの社会保障法学が運動論的生存権論に傾きがちであったことへの反省から、）社会保障の権利につき、「社会保障分野では頻繁に法改正がなされる一方、関係法令が技術的性格を有し」、かつ「社会保障の基本構造が大きな変革の波にさらされている」状況を踏まえれば、「法改正のあり方を領導する立法策定指針ないし政策策定指針としての権利」という側面が重要であるとする考えが示されている[4]。

　もっとも、こうした権利論からのアプローチに対しては、社会保障は政治が決めるにも関わらず、「社会保障法」だけからその存立を巡る規範を導き出すことが適切なのかという批判も出されている[5]。

---

(4)　菊池馨実『社会保障法〔第3版〕』（有斐閣、2022年）65頁。
(5)　太田匡彦「対象としての社会保障―社会保障法学における政策論のために―」社会保障法研究創刊第1号（2011年）182頁。

　なお、こうした法学の役割については、第3章第5節で詳述することとする。

　また、そもそも社会保障の基盤となりうる連帯の根拠はどこにあるのかについては、政治哲学的には、ロールズの「無知のヴェール」論が挙げられるとともに[6]、社会保障の根拠はヒューマニズムにとどまるものではなく、経済的合理性が存在するとも指摘されているところであり[7]、分野横断的な考察が求められる本質的な課題である。

◆ 第5節　我が国政治における対立軸

(1) 保守と革新

　さて、こうした自助と連帯のバランスは、我が国の政治における与野党の対立軸の中で、どのように図られてきたのだろうか。

　我が国における政治の対立軸としては、保守　対　革新が挙げられる。保守と革新では、自助と連帯以外にも多くの論点において対立がある。

　蒲島郁夫・竹中佳彦は、保守‐革新軸について、二つの次元から構成されているとし、一つは「敗戦によって生じた旧体制と安全保障を巡るもので、①保守＝戦前体制への回帰、安保賛成、再軍備配置、改憲、伝統的価値（権威に対する服従と集団への同調性）と親和的、②革新＝戦前体制の否定・戦後民主主義の肯定、安保反対、再軍備反対、護憲、伝統的価値は非合理的・前近代的であり克服され

---

(6)　ジョン・ロールズ（川本隆史・福間聡・神島裕子訳）『正義論　改訂版』（紀伊國屋書店、2010年）184頁。

(7)　塩野谷祐一『経済と倫理―福祉国家の哲学』（東京大学出版会、2002年）276〜277、286、369頁。

るべきもの」とする次元であり、もう一つは、「民主化が進行し（住民運動など政治参加の高揚）、高度経済成長の矛盾が噴出した（公害の発生など）1970 年代に現れた福祉・参加・平等を巡るもので、①保守＝自助、小さな政府、自由市場重視、自由尊重、効率・経済成長優先、行政への委任、②革新＝福祉、大きな政府、政府の経済介入重視、平等尊重、環境保護、政治参加」という次元であるとする[8]。

　また、平野浩は、日本政治の対立軸として、①安全保障の軸、②自民対非自民の軸、③市場競争対再分配の軸の 3 つに整理し、③については、政治のアリーナに登場したのが比較的新しく、従来の保革の軸とクロスする形となり、争点自体が複雑で理解が難しいことから、未だ有権者レベルにおける党派的な対立軸としては明確に機能していないとするとともに[9]、その中でも、政治的対立構造の認知が、憲法・安全保障問題を中心とした「保革」の対立構造に強く規定され、同様の状況が続いているとして[10]、安全保障の対立の根強さを指摘している（第 6 章第 4 節(2)も参照）。

　なお、日本における保守の内容について、宇野重規は次のように明快な解説を行っている[11]。

　（1955 年の）保守合同は、…より自由主義的で漸進改革的な吉田（茂）の立場が池田勇人の宏池会によって受け継がれ、より国家主

---

(8)　蒲島郁夫・竹中佳彦『イデオロギー』（東京大学出版会、2012 年）112頁。

(9)　平野浩「政治的対立軸の認知構造と政党―有権者関係」レヴァイアサン 35 号（2004 年）92、100 頁。

(10)　同『有権者の選択：日本における政党政治と代表制民主主義の行方』（木鐸社、2015 年）193 頁。

(11)　宇野重規『日本の保守とリベラル　思考の座標軸を立て直す』（中央公論新社、2023 年）49、55 頁。

義的で急進主義的な岸（信介）の路線は福田赳夫の清和会などによって継承された。その意味で言えば、田中角栄からさらに竹下登の経世会（現・平成研究会）へとつながる路線は、その両者の間に立つことによって、ある時期以降の自民党政治における主導権を確立したと言えるかもしれない。

　いずれにせよ、自民党内における本質的な価値観の対立は、派閥対立へと「矮小化」されることによって、潜在的なマグマとして押さえ込まれた。そしてこの「封印」こそが、すべてを曖昧に包括する政党としての自民党が長く一党優位を確立する一因ともなったのである。

　このようにして、戦後日本政治では、「反共」と「経済成長」以外、とくに共通の価値観を持たず、明確な共通の保守思想が希薄なまま、政治勢力としての保守は全盛を極めた。

　結果として戦後日本の保守主義は、自らの政治体制を価値的なコミットメントなしにとりあえず保守するという「状況主義的保守」か、さもなければ占領下に制定した日本国憲法を「押しつけ憲法」として現行秩序の正統性を否認するという「保守ならざる保守」かという、不毛な両極に分解することになった。そこに欠けたのが、現行の政治秩序の正統性を深く信じるがゆえに、その漸進的改革を試みるという本来の保守主義である。

(2) 新自由主義とポピュリズムの台頭

　近年の政治思想の世界的な潮流として、自助を強調する新自由主義（ネオ・リベラリズム）の席巻と、社会民主主義の退潮、またそれに伴う国民の分断や外国人の排除を惹起するポピュリズムの登場があげられる。水島治郎は、ポピュリズムについて、既存の制度やルールに守られたエリート層の支配を打破し、直接民主主義によっ

て人々の意思の実現を志向する、民衆の参加を通じた「よりよき政治」を目指す「下」からの運動であると定義し、それは、人々の参加と包摂を促す一方、権限の集中を図ることで、制度や手続きを軽視し、少数派に抑圧的に作用する可能性があり、ポピュリズムとリベラル、デモクラシーの関係は両義的である（現代デモクラシーが依拠してきた、「リベラル」かつ「デモクラシー」の論理をもってポピュリズムに対抗することは、実はきわめて困難な作業ではないか）としている[12]。

　待鳥聡史は、我が国において、2 大政党間の競争関係が不安定な 2 党システムは、今後も当面は続くであろうとし、ネオ・リベラリズムに代わる政策路線が見つからない限り、政党がネオ・リベラリズム改革の「痛み」を自党への批判につなげないようにするポピュリズム戦略をとる可能性も高いと指摘しており[13]、既にそうした現象は、選挙勝利や内閣支持率獲得のためのバラマキ型給付の公約といった形で随所に現れている。

　価値観の多様化や格差の拡大によって社会の分断が進む中で、今後、新自由主義に対する立ち位置やポピュリズム的政治姿勢・手法へのスタンスを巡っての対立軸が一層浮かび上がってくることが予想される。

◆ 第 6 節　日本政治の特性

日本政治の特徴について、政治勢力の配置とマスコミ・世論の論

(12)　水島治郎『ポピュリズムとは何か』（中央公論新社、2016 年）19、22、223 頁。
(13)　的場敏博『戦後日本政党政治史論』（ミネルヴァ書房、2012 年）225頁〔待鳥執筆〕。

調、そして、それを支える国民の心理の三点から眺めてみよう。

⑴ 「分配の政治」を通じた包摂政党たる自民党と無力な野党

　まず、政治勢力の配置として、「分配の政治」を通じた包摂政党たる自民党と無力な野党である。

　自民党の政治とは、社会保障以外の分野も含め、その特徴を「政治家が国から公共事業や補助金等を獲得して地元や業界の面倒を見る一方で、地元や業界の有権者は、その見返りとして選挙時の票や政治資金を提供する」、「分配の政治」と捉えることが出来る（「分配の政治」については、第5章第1節⑵で詳述する）。

　1993年の細川非自民連立政権、2009年の民主党政権を除き、我が国では長年にわたり自民党の単独政権あるいは自民党を中心とする連立政権が続いているが、自民党の長期政権が続いている背景としては、本来、保守的、新自由主義的性格（特に中曽根政権、小泉政権）を持つ自民党が、社会民主主義的政策も進めてきたことが挙げられる。宮本太郎は、自民党を中心とする日本の政治について、「例外状況の社会民主主義」「磁力としての新自由主義」「日常的現実としての保守（最後は家族に頼るか自助しかないという現実）」という三つの政治的潮流があるとし、自民党による社会民主主義的政策は、政権交代の危機などの「例外的状況」に行われる単発的な社会民主主義的政策であり、基本的には自助に力点を置いてきたとする[14]。

　また、保守たる自民党に対峙して社会民主主義的政党であるはずの社会党ないし立憲民主党が、批判や抵抗に終始する非現実的な急進性しか有しないまま、与党である自民党に政権交代に対する緊張

---

(14)　宮本太郎『貧困・介護・育児の政治』（朝日新聞出版、2021年）9、
　　113、273頁。

感、危機感を与えてきておらず、こうした無力な野党の責任も極めて重い。2009 年に政権交代を実現するも 3 年 3 か月で政権を手放すことになった民主党について振り返れば、その権力観は、権力の所在は他者にあると考え、それを敵対勢力と見做して批判する（例えば、対官僚、対原子力発電関係者）という市民運動の延長線上に位置する一方で、権力を手中に収めるや否や、権力万能感に陥るというものであり（例えば、米軍普天間基地県外移設宣言、脱原発宣言）、政治における結果責任という意識が希薄なままで、政権を担うにあまりに未熟であったことは記憶に新しい。

(2) 批判と綺麗事に終始するだけのリベラル

　次に、マスコミ・世論の論調が、批判と綺麗事に終始するだけのリベラルであることが指摘できる。

　我が国における野党やマスコミ、アカデミズムの一部に根強く見られるいわゆるリベラル勢力が、ひたすら理想論（空想論）ばかりを唱え、当初から決め付けの全否定で、与党・政府を糾弾するだけの姿勢に終始し、現実を踏まえた具体的な実現方策を伴う建設的な提案をしてこなかったと言っても、あながち的外れではないだろう。

　社会学者の高原基彰は、戦後日本の思想的・政治的立場につき、①日本的経営、日本型福祉社会や自民党型分配システムによる「日本独自の超安定社会を護持する」という右バージョンの反近代主義と、②会社や家族といった堅固な組織の中で「自由」を奪われる苦しさからの解放の論理である、個別的利己主義としての「自由」を無制限に要求する「見果てぬ夢」という左バージョンの反近代主義、③財界主導で登場し、保守政治家の非主流派に拡大していった新自由主義の三つしか、思想的・政治的立場も選択肢もなかったとする。そして、②については、「超安定社会」の外部へ出る「自由」が自

己目的化されて、建設的な社会のビジョンを欠いており、その際に、上からの強固な分配・保護が疑似的に保証され、当事者たちもそれを期待していたパターンが広く見られ、バブル崩壊によって分配が滞るようになると、当事者たちは、自分が主体的な選択をしたという自覚がないまま、だまされたという被害者意識だけが蓄積していくという、革新を自称する生活保守主義を背景とした利己主義の主張でしかなかったと指摘している[15]。

　ジャーナリズム研究を専門とする林香里は、近年の「メディア不信」は、二〇世紀に発展した「マスメディア」とともに育まれてきた「リベラルな民主主義」の偽善性や独善性に対する不満、異議申し立てであると指摘し[16]、メディア研究が専門の伊藤昌亮も、ネット右派の反リベラル市民、反マスメディアというアジェンダは、戦後民主主義という理念を掲げるリベラル派の文化エリートの、ときに傾きがちな「上から目線」による教条的・独善的な態度（啓蒙主義的な規範意識、選良としての特権意識、硬直したユートピア論の空疎さ）へのアンチテーゼであると述べている[17]。

　筆者の実感も交えて言えば、メディア不信というのは、頭でっかちで人情の機微に通じず、泥臭く人間臭い調整・妥協の労と責任を他者に押し付け、タテマエ、綺麗事、理想論を翳して、上から目線で正義の味方を装う、野党、マスコミに共通して見られがちな「リベラル」への反発（鼻につく）ということであろうか。そして、自らと意見を異にする者に対する寛容度の低さも、我が国における

(15)　高原基彰『現代日本の転機　「自由」と「安定」のジレンマ』（日本放送出版協会、2009年）26、194、210、252頁。
(16)　林香里『メディア不信　何が問われているのか』（岩波書店、2017年）203頁。
(17)　伊藤昌亮『ネット右派の歴史社会学　アンダーグラウンド平成史1990〜2000年代』（青弓社、2019年）121、150、311頁。

28

「リベラル」の自己矛盾的特徴である。

　これに関連して、最高学府が施すリーダーシップ教育について、リーダーに必要な、ある結論に必ず付随する限界や欠点を認識しながらも決断を行うチカラ、そしてその負の面をも引き受けて何とかマネジメントしていくチカラは、（筆者注：リベラルにありがちな）懐疑主義への覚醒（理性の目覚めを促す）だけでは養えない（鋭い評論家を輩出するばかり）との橘宏樹の指摘[18]には、説得力がある。

(3) 抵抗（自分事）と調整（他人事）

　最後に、国民の心理として、自分の利益擁護については、その維持拡大のために妥協を許さない抵抗姿勢をとり（利益は自分事）、他者との利益調整については、自らがその当事者となることは忌避する（調整は他人事）ということである。

　上に述べたリベラル勢力の姿勢は、主権者として現実の政治運営の困難さを担う責任感と覚悟がないままに（政治家や公務員等の他者への丸投げ）、ただただ批判し、反省を迫ることが、主権者の当然の権利であるとの国民の心理にも裏付けられている。

　これに関連して、高橋和之は、戦後憲法学の主流を「抵抗の憲法学」と呼び、その内容を、権力を他者に帰属するものとして、現実化が困難な過度に理想的なあり方を提示し、批判し・反対し・抵抗するものと捉えた上で、今日求められているのは、権力を我々のもの、コントロールしうるものとして、国民の権利が保障される制度の設計と運用に関する現実的な可能性のある理論を提示し、妥協も厭わない「制度の憲法学」であると述べたが[19]、これは、憲法学

---

(18)　橘宏樹『現役官僚の滞英日記』（PLANETS、2018 年）203 頁。
(19)　高橋和之「『戦後憲法学』雑感」『現代立憲主義の制度構想』（有斐閣、2006 年）15 頁（初出 1999 年）。

のあり方にとどまらず、従来の社会保障法学、さらには国民一人一人が主権者として政治に向き合う基本姿勢そのものにも共通するものであろう。

　民主党政権下で、貧困問題に関する市民運動家から内閣府参与となった湯浅誠は、そこで驚き、発見した議会制民主主義の「複雑さ、困難さ、厄介さ」について、次のように正鵠を得た指摘を行っており、野党、リベラル勢力のみならず、国民一人一人が政治に向き合う基本姿勢に関して、含蓄に富んだ内容となっている[20]。

・「霞が関」と「永田町」に関わって初めて、そのブラックボックスの内部が調整と決定の現場で、あらゆる利害関係が複雑かつ重層的に絡み合い、それぞれの課題の先には生活のかかった利害関係者の存在があり、それぞれが必死の思いで働きかけていることを知った。
・結果責任の自覚がない人（調整当事者としての自覚がない人、主権者としての自覚がない人）は、「こっち側」の役割は課題を投げ込むまで、自分は言いたいことを言うだけ（自分と同じ経験、同じ土台を持たない人たちを説得する言葉を編み出そうとしない）、異なる意見との調整と妥協という汚れ仕事のコストは回避し、「あっち側」への押しつけ、丸投げに終始する。
　そして、それが結論への批判と、「あっち側」への責任追及をもたらし、同時に、利害調整の忌避という心性から、「既得権益」のレッテル貼りが横行し、そこに切り込む「強いリー

---

(20)　湯浅誠「社会運動の立ち位置　議会制民主主義の危機において」世界2012年3月号41頁、同「社会運動と政権　いま問われているのは誰か」世界2010年6月号33頁、同『ヒーローを待っていても世界は変わらない』（朝日新聞出版、2015年）48、66、175、183頁ほか。

ダーシップ」待望論が台頭してくる。

・それは、誰かに任せるのではなく、自分たちで引き受けて、それを調整して合意形成していこうとする（、おそろしく面倒くさくて、うんざりする）議会制民主主義という政治システムを、私たちが引き受けきれなくなっている証であり、この「ガラガラポン欲求」という飛躍と焦りには、最善を求める熱心さの反面、最悪を回避することに対する無頓着さが露呈しており、人類が蓄積してきたものに対する冒涜に似た危険性を感じ取る。

・「主体的市民による社会運動」に向けては、「こっち側」と「あっち側」の役割分担を固定的に捉えるのではなく、政治的・社会的力関係の総体を視野に入れながら、社会的領域および政治的領域における調整過程に積極的に介入していくことが求められ、そこでは、主権者として結果に対する責任を自覚し、何かを全否定したくなる衝動を抑えながら、地道に調整を積み重ねて相反する利害関係者との合意形成を図る市民像が前提となる。

第2章

社会保障制度改革が迫られている社会経済的背景

◆ 第1節　我が国社会保障の独自性と課題

　社会保障の各制度について、比較法研究といった形で欧米諸国との対比が行われることが多いが、各制度の根底にある制度全般を貫く各国の特色（いわゆる総論）を踏まえた形で（各論が）紹介されている例は必ずしも多くはなく、あったとしても土壌の異なる土地への接ぎ木の工夫までは指し示していない。

　我が国の社会保障制度全般を貫く特色（いわゆる総論）としては、①夫＝正規雇用・妻＝専業主婦・子どもから成る世帯という、労働形態を含めた単一的なライフスタイルモデルに即して、各種制度が組み立てられていること、②高齢化の進行や給付内容の拡充によって見込まれる将来の給付増の財源として、持続的な経済成長による果実が当てにされていること、③（消費税導入あるいは消費税率引き上げの局面以外で、）政治が国民負担のあり方について正面から国民に対して問うたことがないことが挙げられようが、それらとともに、各種制度に通底している構図として、次の七点にわたる基本要素二つの対比・包摂関係が見られるところである。

(1) 「現役」が「高齢者」を引き受ける

　社会保障・人口問題研究所が毎年公表する社会保障費用統計に表れているように、社会保障給付の多くが高齢者を対象としたもの

（年金、介護、現役世代と比べて一人当たり給付が高くなる高齢者医療）であり、高齢者に厚く、現役世代に薄くという構造になっている。また、その費用負担も、「高齢者（の多くは）経済的弱者である」という認識の下、次のような形で、高齢者に軽く、現役世代に重く圧し掛かっている。

　(i) 主な財源を占める社会保険料は、所得をベースに課せられることから、稼得能力のある現役世代に重く、現役を引退して稼得能力が低くなった高齢者に軽い。

　(ii) 保険料に次ぐ財源である公費は、消費税とともに、所得税、住民税等から賄われることとなるが、これら税負担も①と同様の状況にあることに加え、給与所得を得ながら年金給付を受給する高齢者は、公的年金等控除と給与所得控除を併用できる点で所得税による負担が一層軽くなる。また、高齢者は現役世代よりも資産を有していることが多いが、社会保険料は資産には賦課されず、また、税は資産にも賦課されるものの、金融税制は分離課税であることが多く、かつ、累進税率ではないため、税負担は現役世代と比べて相対的に軽くなる。

　(iii) サービスを利用する際に支払う利用者自己負担も、高齢者は、現役世代と比べ、割合や額が低く抑えられている（例えば、医療保険では現役世代は原則3割負担、高齢者は一定以上所得のある方等を除き1割負担、介護保険も一定以上所得のある方等を除き1割負担）。また、高齢者の利用者自己負担が所得区分別に異なる場合も、所得に着目されるのみで、資産は考慮されない。

　(iv) 更には、財源を国債に求める場合、将来の現役世代に負担を転嫁することになる。

　社会保障において、現役世代を対象とした給付が少ないのは、これまで社会保障が、育児、教育、雇用、職業能力開発等との連携が

必ずしも十分ではなかったことにも起因するものであり、その結果、現役世代は、現在自らの生活保障のために負担を行っているという実感が湧かないままに、重い負担感のみが募ることとなっている。

　今後は、現役世代の生活を支援する給付の充実を図るとともに、高齢者（とりわけ現役並み所得者）に応分の負担を課し、現役世代の負担を軽くするとともに、資産を含めた負担能力に応じて応分の負担を課していく仕組の構築が急務である。

(2)　「サラリーマン」が「自営業者等」を引き受ける

　公費の財源たる税収について、税務当局による所得捕捉率が、サラリーマンと自営業者等との間で大きく異なり、源泉徴収されるサラリーマンと、申告納税による自営業者や農業従事者との間では、俗に「クロヨン」と呼ばれる格差（サラリーマンは所得の9割が捕捉されるが、自営業者は6割、農業従事者は4割しか捕捉されない）が存在している。また、利用者自己負担の割合や額は、住民税非課税世帯であるかどうかによって大きく異なることが多いことから、非課税世帯となることが多い自営業者等の負担が小さくなる。

　また、自営業者等は低所得者が多い、社会保険料において事業主負担が存在しない等の理由から、自営業者等を対象にする制度（その代表として国民健康保険）には多額の公費負担が組み込まれるとともに、保険者間の財政調整も行われてきた。

　サラリーマンと自営業者等との公平を図るためには、所得捕捉率の問題を解決する必要があるが、収入の確実な把握はそう簡単ではないことから、支出時点に着目する消費税について、社会保障を支える基幹財源として、さらなる拡大を図っていくことが求められる。

(3)　「医療」が「福祉」を引き受ける

　ヨーロッパでは、宗教施設などに由来する「福祉」"hospice"がまず存在し、そこに医療機能が付加されて「医療」"hospital"という類型が生まれるという歴史的な過程を経てきたが、日本では、福祉の提供体制が不十分なままに、自由開業医制の下で医療供給体制の整備が先行し、必ずしも医療を必要とはしないが福祉のニーズを有する者に対する生活保障を、医療機関が担うことになった。

　すなわち、本来、福祉が担うべきサービス給付まで、医療が担ってしまっているということであり、利用者の生活環境という観点や、設備や人件費の面で高コスト構造となる医療資源の効率的な活用といった観点からは問題が多く、今日に到るまで「社会的入院」という課題として残されている。

　「住まい」も含めた生活ニーズを福祉がしっかりと支援し、医療ニーズを伴う者に対しては、そのレベルに応じた医療がそこに寄り添うといった形で、住み慣れた在宅でのケアを可能とする、介護を始めとする福祉と医療が連携した地域包括ケアシステムの構築が喫緊の課題である。

(4)　「社会保険」が「福祉」を引き受ける

　稼得能力を有するサラリーマンを加入者とする被用者保険と比べて、低所得の加入者が多く存在する国民年金、国民健康保険や介護保険では、特に保険料について、各制度内で低所得者を対象とする軽減措置が講じられており、その分の費用は公費の投入等によって賄われている。

　これについては、社会保険は当初から所得再分配機能が組み込まれており、当然のこととも理解できるが、保険料が納められないなど自助の要素が殆ど期待できない低所得者については、本来、全額

税財源の社会扶助である生活保護で対応すべきであって、そうした仕組の方が、社会保険において過度な連帯を迫るよりも、制度としてすっきり安定したものになるとの意見にも説得力がある。ただ、低所得者を国民皆保険制度から安易に外すことは、社会保障の重要な目的である国民統合の機能を弱めることにつながる点にも留意する必要がある。

　こうした中で、制度横断的に低所得者の範囲と軽減措置の扱いを整合的に定めた上で、その分の補填財源として公費を重点的に投入する仕組の構築が課題となる。

(5)　「報酬設定」が「サービスの量・質」を引き受ける

　医療保障や介護保障については、診療報酬や介護報酬に基づいて、経済的な誘導により、提供される医療サービス、介護サービスの量・質が定まるという実態にあり、財源論からスタートしてサービスの保障水準が定められる傾向にある。個人間の公平というミクロレベルでの給付と負担のバランスと並んで、給付総額とそれを賄う保険料負担というマクロレベルでの給付と負担のバランスが社会保険という制度の持ち味であるはずなのに、我が国では社会保険への公費投入の割合が高いことから、望まれるサービス水準が議論の出発点となるのではなく、国家財政の逼迫度によって、サービス給付の水準が直接的に規定される局面が多くなっている。

　本来は、「望まれる医療、介護の姿」がまずは描かれ、それを実現するための診療報酬、介護報酬の仮設定とそれらの積み上げによる給付総額の試算がなされた上で、それを国民の負担能力や施策の優先度等の観点から改めて評価し直し、メリハリを付けて決定していくという政策決定プロセスが開かれた形で展開されるべきであり、介護保険制度創設の際には、医療保険の二の舞にならないよう、そ

うした手法が模索されたが、近年は、医療保険と同様、財源の制約
から議論がスタートするようになってきてしまっている観がある。

　いずれにせよ、財源論からではなく、まずはあるべきサービス論か
ら議論を始め、マクロレベルでの給付と負担のバランスに照らしなが
ら、サービス給付の具体的な水準が決められていくというプロセスを
経ることが、社会保険制度の持ち味を活かした本来の姿であろう。

⑹　「イエ・ムラ・カイシャ」が「社会保障」を引き受ける

　我が国の社会保障制度に係る大きな特色として、社会保障制度が
担うべき部分の多くを、「イエ・ムラ・カイシャ」がインフォーマル
に担ってきたことが挙げられる。例えば、育児・介護などは妻の無
償労働（イエ）やご近所同士（ムラ）の協力で、また、カイシャが
終身雇用といった形で従業員の家族ぐるみの生活保障を担ってきた。

　そして、血縁、地縁といったゲマインシャフトではなく、ゲゼル
シャフトである「カイシャ」を持続的な共同体とすべく、公共事業
や中小企業支援などの業界保護策を通じて、経営の安定を図り、完
全雇用を実現することで、「カイシャ」は生活保障に不可欠な役割
を果たしてきた。

　しかし今日、価値観が多様化するとともに、社会の流動化・不安
定化が進む中で、家族・地域・会社がそれぞれ変容して、連帯の基
盤が揺らいでおり、今後、安定した連帯の基盤をどこに見出してい
けばよいのかが、大きな、そして、根本的な課題となっている。こ
のことについては、次節で詳しく論じることとする。

⑺　「国家」が「社会」を引き受ける

　自律した個人が社会を構成し、社会契約によって強制力という権
力を行使する国家を形成するというのが、社会科学が近代市民社会

を捉える際の視点である。そして、社会保障、社会保険という名称の通り、まずは「社会」の中で自律した個人が自発的に集い、連帯の基盤となる共同体を形成するというのが想定された姿ではあるが、我が国は、社会の中に連帯の萌芽を見出すことが難しく（例外として、大企業等において結成される健康保険組合や企業年金がある）、社会集団が未成熟なままに、国家が介入して国家という強制的な連帯基盤を上から制度として構築してきた歴史を有している。

　社会集団が連帯を基礎付け、それらの連帯の枠組を統合する形で国家が国民連帯を形成するのが本来の姿であるはずが、社会集団の形成が未成熟であったために、国家が連帯を上から直接に基礎づけてしまっているのが、我が国における社会保障、社会保険の特徴である。したがって、主体性を有する自律した「個人」によって、自発的な「社会」が形成され、そこが連帯の基盤となることで、初めて醸成される連帯への意識が、我が国の保険者集団においては希薄とならざるを得ない。

　この点について、太田匡彦は、日本の社会保障制度について、社会連帯の独自性を示す機会に乏しいとし、日本における社会連帯がその独自の存在を意識させる程の表現を得ることは、困難かもしれないとした上で、しかし、この要素を全く欠く社会連帯は認知されず現実化もせず、したがって社会保障は常にその基盤を欠く存在となり安定しないであろうと指摘している[1]。

　以上、十点（①～③、(1)～(7)）にわたって概観した我が国の社会保障制度が抱えている独自性と課題は、年金、医療、介護、福祉の

---

(1)　太田匡彦「対象としての社会保障―社会保障法学における政策論のために―」社会保障法創刊第1号（2011年）250頁。

各分野に通底しており、諸外国との比較や歴史的経緯に改めて照らしながら、その解決に向けた制度横断的な取組が求められる。

　その中で、(1)〜(5)はいわゆる政策論であるのに対し、①〜③及び(6)、(7)は、政策論を超えたところにある社会保障制度の根幹に関わる国家、社会のあり方を巡る課題であることが、問題の複雑化、高度化をもたらしている。

　なおここで、社会保障とその隣接分野である住宅、教育、雇用との関係性について、補足説明をしておきたい。

(8) 住宅と教育

　我が国の社会保障を考えるに当たっては、その外縁に位置するものとして、住居費、教育費が重要な意味を持つ。

a. 住　宅

　住まい、住居は、人の生活の拠点となる場所として、生活保障の中でも重要な意味を持つ。

　従来は、企業による社宅の貸与や住宅手当の支給などが行われ、社会保障制度としては、福祉における施設（入所）サービスや生活保護制度の中に住宅扶助が組み込まれている程度であった。近年は、住宅保障の重要性に鑑み、高齢者の居住の安定確保に関する法律に基づくサービス付き高齢者向け住宅の整備や、生活困窮者自立支援法に基づく住宅確保給付金の支給など、福祉と一体となった住宅確保施策の展開が見られるようになっており、施策の一層の充実が期待される。また、生活保護制度における住宅扶助に代えて、住宅手当を単体として創設すべきとの意見も唱えられている[2]。

---

(2)　岩田正美『生活保護解体論　セーフティネットを編みなおす』（岩波書

b. 教　育

　学歴は、その人の社会での立ち位置（階層帰属意識）と社会との関わり方を一貫して規定する重要な要素であることは、社会学において長年にわたり主張されているところである[3]。

　教育は、そもそも社会保障のセーフティネットに落ちてこない人を作るために重要な役割を持つが、日本では、教育に対する公的支出が国際的に見て小さく、また、教育への公的支出の拡大を支持する国民の意識も低いため[4]、子どもの教育に要する費用は、家計にとって重い負担となり、これまで妻によるパートなり子ども自身のアルバイトによって、その一部が賄われてきた状況にある。

　近年は、生活保護制度における義務教育期間を対象とした教育扶助や就学援助制度といったこれまでの施策に加え、幼児教育・保育の無償化、教育行政分野での高等学校等就学支援金の支給（高校無償化）や大学における給付型奨学金などの取組が講じられてきており、教育費負担の軽減が図られてきている。

　社会保障は、自立支援や健康づくり支援といった要素はあるものの、基本的には落ちてからのセーフティネットであり、教育こそが自助を可能とする意識と能力を育み、落ちないためのセーフティネットの機能を果たして、人生のスタート地点での平等、公平を確保しようとするものであり、質が担保されていることを前提に、その重要性は強調しても強調し過ぎることはない。

　　店、2021 年）189 頁など。
(3)　吉川徹『現代日本の「社会の心」　計量社会意識論』（有斐閣、2014 年）243 頁。
(4)　矢野眞和・濱中淳子・小川和孝『教育劣位社会―教育費をめぐる世論の社会学』（岩波書店、2016 年）55 頁。

⑼　教育・雇用・社会保障の円環

　従来、社会保障制度は、幼年期には教育、現役期には雇用（能力開発と生活保障の役割を果たす）、高齢期には社会保障というように、ライフステージに沿った単線構造を前提にその役割規定がなされてきた。

　しかし、社会保障に依存しない自立した個人を形成するためには、教育、雇用が重要であり、これら 3 つの政策分野が三位一体となって機能することが必要である。すなわち、これらは、ライフステージに沿った単線的な構造において捉えられるのではなく、円環的な構造において捉えられるべきものである（次頁図 2 参照）。

　宮本太郎は次のように述べて、教育、雇用、社会保障の新たな連携の必要性を説いている[5]。

　　今、雇用と社会保障が相互に負荷をかけあいながら解体している。すなわち、雇用の揺らぎが社会保険など社会保障の持続を困難にし、他方で保育サービスなど社会保障の欠落が、働き続けることを難しくしている。そして、若者の能力開発が企業の長期安定雇用に委ねられてきた日本では、雇用の揺らぎは能力開発の機能不全に直結する。若者たちは知識や技能を伸ばす機会を失い、社会的排除が拡がっていく。

---

(5)　宮本太郎「生活保障の新しい戦略」同編『生活保障の戦略―教育・雇用・社会保障をつなぐ』（岩波書店、2013 年）227 頁。

図2：単線構造から双方向的環状構造へ

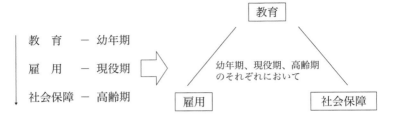

◆ 第2節　連帯基盤を巡る揺らぎ＝「社会」の揺らぎ

(1) 共同体（イエ、ムラ、カイシャ）の揺らぎ

　社会を構成し、連帯の基盤となる基礎的な共同体であったイエ・ムラ・カイシャの存在が揺らぎ、それに代わる新たな共同体も見出せないままに、我が国における連帯基盤は脆弱化の一途を辿っている。

a. イ エ（家族）

　家族形態が、三世代世帯などの伝統的で相互扶助に適したものから、都市化が進み、核家族が一般化した。加えて、未婚率の上昇や高齢化の進行により、単身世帯、とりわけ高齢単身世帯が急増している。

　また、家事労働に加えて、育児や介護機能を担ってきた女性の社会進出が進むことで、家庭における家事、育児、介護機能が弱体化してきた。離婚の増加により単親家庭も増加し、児童虐待等も頻繁に事件化している。

　更に、正規労働者として働き、世帯主として家計を担うことが前提であった夫が、雇用が不安定で低賃金の非正規労働者であること

が増えてきている。その背景としては、企業側の人件費の削減志向、労働者側のライフスタイルの多様化に伴う就業意識の変化があり、それに小泉政権における製造業への派遣解禁など労働市場の規制緩和が拍車をかけた。

　このように、単身世帯が急増するとともに、家族と言っても、育児や介護どころか、生計維持機能すら覚束ない世帯が増加している。

b.　ムラ（地域）

　都市化と過疎化によって、地域社会におけるつながりの希薄化、崩壊が進んでいる。

　都市においては、人口は増えるも、「隣は何をする人ぞ」といった居住形態であり、地方においては、高齢化や過疎化によって、村落そのものの維持が困難になっている。

　昔ながらの地域コミュニティーにおいては、プライバシーの保護が不十分ではあったにせよ、お互いの関係がオープンでありご近所同士での当然の助け合いが行われてきたが、現在の地域社会は、お互いのプライバシーが重視され、個人の生活が守られるようになった一方で、相互のつながりが希薄化し、助け合い、連帯の意識も失われている。

　これまでは、各種の農業振興策や商店街活性化策などが、農村や地方都市におけるコミュニティーの維持に貢献してきたが、その効果も限界を迎えている。

c.　カイシャ（職域）

　経済の低成長やグローバル化、働き方の多様化などの社会の変化により、従来の日本型雇用、特に終身雇用を前提とする正規雇用が、必ずしも一般的なものでなくなり、不安定で低賃金の非正規雇用や

その他の働き方が現れ、転職が一般化し、会社自身が社員の育成や
その家族を含めた生活保障に力を注がなくなり、会社による生活保
障機能が弱体化している。

　これまで、正規社員の終身雇用という就労モデルの下、社員に滅
私奉公を迫る一方で、家族を含めた生活を一生保障するという、い
わゆるメンバーシップ型雇用は、自民党政権の「分配の政治」によ
る護送船団方式での業界保護を通じて堅持され、生計維持のみなら
ず、福利厚生という形で労働者の幅広い生活保障を担ってきたが
（社宅、住宅手当や養育手当等）、それらの保障は、日本型雇用の揺ら
ぎにより、確実なものではなくなってきている。

(2)　「日本型福祉社会」

　こうした「イエ・ムラ・カイシャ」に連帯基盤を見出し、連帯機
能の大半を委ねる我が国の特色は、保守主義を基調に 1980 年代の
家族主義的レジームを強化した形での小さな国家志向である「日本
型福祉社会論」によって、「イエ・ムラ・カイシャ」による引き受
けという「含み資産」であるとの肯定的、積極的な評価がなされ、
公的給付である社会保障制度の規模を相対的に小さく抑えることに
寄与してきた。

　こうした「日本型福祉社会論」は、1990 年代以降、特に小泉政
権下において、新自由主義の趨勢の中で、製造業への派遣解禁など
の労働市場の規制緩和、護送船団方式による業界保護の後退などに
より成り立ち得なくなり、少子高齢化、経済の低成長、国家財政の
逼迫といった環境の下、社会保障に係る負担の増加・給付の縮小と
いった形で、孤立を伴う自助のウェイトが次第に増してきている趨
勢にある。

(3) 公費負担と保険者間財政調整

上記の連帯の基盤そのものを揺るがす社会状況に加え、制度設計面でも連帯基盤を脆弱化させうるものとして、社会保険における公費負担（税財源）と保険者間の財政調整が挙げられる。些か専門的な内容となるが、社会保障制度を考えるに当たっての重要な論点であり、簡単に触れておく。

a. 公 費 負 担

社会保険においては、自らが負担したことに対応して給付を受けるという牽連性、対価性が重要であり（前章第3節(2)で見たように、そのことが税方式との相違点であり、自助と連帯を調和させうる装置として譲れない一線である）、安易に公費負担を行うことは、マクロ・ミクロレベル双方で給付と負担の関係を不明確にし、給付に対する負担という当事者の意識を失わせることになる。これは、被保険者としての自律性、主体性を弱め、モラルハザードを惹起するとともに、制度の透明性、公平性を後退させ、連帯の意識そのものを希薄化させることにつながる。

また、社会保険の一部を公費負担で賄うことは、国家財政の状況次第で、必要な社会保障費が削られ、国民の安心が左右される可能性にもつながる。

そして、公費の財源の一部は、国債発行によって捻出され、将来世代へ負担が先送りされる形で行われており、これは、将来の不確かな経済成長の果実を当てにして、負担増を伴わないままに目先の受益（給付）の維持、拡充がなされてきたという、我が国における社会保障の歴史からの負の教訓を得ていない証左である。

そうした中でも、いまだ基礎年金、高齢者医療を税方式で賄うべきとする安易な主張が根強くあることも、これまた事実である。

b.　保険者間財政調整

　公費負担と並んで、連帯基盤を脆弱化させかねない制度設計として、近年多用されているものに、保険者間財政調整がある。

　後期高齢者医療制度に対する他の医療保険制度からの拠出がその一例であるが、保険者から見れば、保険料収入の半分程度が財政調整に充てられているような状況（当初から自ら納める保険料の半分程度が他の保険者のために拠出されることとなっており、自保険者の加入者のためには使われないこととなっている状況）が存在する。これは、自らも高齢者になった時にはその時の現役世代に支えてもらうことになるのだからという世代間公平論と、拠出金の保険者間の負担割合が総報酬制という応能負担原理に依っているという世代内公平論によって、正当化されている。ただそうは言っても、それぞれ独立した保険者としてその存立を認めておいて、その内部はともかく、他の保険者との間でも応能負担による公平という大義名分を押し付ける正当化根拠とその限界をどう考えるかという問題自体は残る（認めるにせよ、そもそも拠出金が充てられる拠出先の給付に対するコントロール権限を有しないのに、なぜ拠出だけが強いられるのか）。

　これは、公費負担と同様、社会保険における対価性、透明性、自律性、公平性の喪失につながるばかりか、行き過ぎれば連帯の基盤そのものを揺るがしかねない問題である。筆者は、社会保険原理主義に立って公費負担や保険者間財政調整を頭から否定する立場ではないが、安易な財源捻出策とならないよう（公費削減のための方策として保険者間の財政調整が行われること（公費から保険料への転嫁）が制度改正の際の通例となっている現実がある）、改めてその正当化根拠と限界を精査することが必要と考えている。

　太田匡彦は次のように述べ、財政調整による連帯の揺らぎを危惧

している(6)。

・社会連帯に基づく社会保障が分立している際に、その相互間の格差を是正しようとするあまり、連帯範囲の拡張－究極的には国民連帯への移行－を目指すと、大規模な連帯への移行が連帯の具体的基盤を見えにくくし連帯のための意識を持ちにくくすることに加えて、これまでの連帯を破壊するかの印象を与える危険も予想される。

・単位として機能している社会連帯を相互にさらに連帯させる際にも、過度の負担ないし連帯の基礎を説明できない負担を課すと、社会連帯をやはり危険に曝す。後期高齢者医療保険および前期高齢者の医療費のための財政調整（むしろ一方的支援として表れる）は、この危険が具体化している例であろう。

(4) 社会的排除と格差

　かつて国民の9割が自分は中流と答え（1970年）、大みそかの紅白歌合戦の視聴率が81.4%であった（1963年）世相に見られたように、多くの国民の間で人生の喜怒哀楽や価値観を共有できた均質な社会は雲散霧消し、今日では、社会的排除、そして格差の固定という大きな課題が出現しており、社会的包摂の必要性が高まっている。すなわち、「イエ・ムラ・カイシャ」などの共同体から排除される者が生み出され（また、社会が複雑化するに伴い、発達障害、精神障害を抱える者が急増するなどの問題も深刻になっている）、格差社会が出現している。そうした格差が生じることで、国民の間に分断が生じ、社会保障制度改革に対する社会のコンセンサスも得られないことにつながり、社会保障制度が十分に機能しえないままに、さらに

---

(6)　太田・前掲注(1)251頁。

格差が拡大して固定化するという悪循環に陥っている。

　経済史を専門とする森口千晶は、日本における格差問題について、富裕層の富裕化を伴わない低所得層の貧困化に特徴があるとして、次のように的確な解説を行っている[7]。

・日本は戦後の高度成長期に国内外の好条件の下で「格差なき成長」を遂げ、安定成長期には分厚い中間層に象徴される平等度の高い社会を実現した。この「日本型平等社会」の特徴は、政府による再分配前の所得における平等にあり、北欧型福祉国家のように税・社会保障による再分配後の所得における平等ではない。さらに「日本型平等社会」は、個人ではなく世帯を単位とする平等であり、①男性正社員を世帯主とする標準世帯、②夫婦による世帯内の性別役割分業、③非稼得者への親族による私的扶助、を前提として成立する。そのため、1980 年代以降の少子高齢化および世帯規模の縮小に伴う世帯の異質性の増大は、経済環境の変化とは独立に、世帯間の所得格差を拡大させる大きな要因となった。さらに、1990 年以降の長期不況は、すでに進行中の人口構造と世帯構造の変化の要因に加えて、無職および非正規世帯の増加を通じて市場所得にみる相対的貧困率を上昇させる要因となった。日本における近年の格差拡大の最大の特徴は富裕層の富裕化を伴わない「低所得層の貧困化」にあり、低所得世帯の所得が絶対的水準で顕著に低下している点で先進国の中でも特異である。
・高度成長期に形作られた日本型平等社会は、人的資本の同質性

---

(7)　森口千晶「日本は『格差社会』になったのか：比較経済史にみる日本の所得格差」経済研究（一橋大学経済研究所）68 巻 2 号（2017 年）170、186 頁。

に価値を置き、「男性正社員モデル」のもとでチームワークとハードワークによる革新を目指してきた。しかし、キャッチアップの時代が終わり、日本が技術のフロンティアに立つ今日、高い均質性と平等主義は創造と革新へのインセンティヴを最大化するものではない。今こそ男女の平等を基本理念とし、世帯よりも個人を、同質性よりも人的資本の多様性を尊重する、新たな雇用や社会保障の制度の構築が望まれる。

こうした格差の顕在化により社会が分断されていく趨勢の中、「仲間以外はみな風景」[8]というフレーズに象徴される他者への無関心が蔓延する一方で、未曽有のコロナ禍の下、目に見えない形での社会からの強い同調圧力が生み出されたことは記憶に新しい。多様で自律した個人の確立と互いに支え合う連帯の基盤となる共同体の構築のいずれもが、これからの「この国のかたち」を考えていく際の前提となる個人像、社会像を措定する上での根本的な課題であり、解決が容易ならざる大いなる難問である。

◆ 第 3 節　国民統合と民主主義＝社会が保障するとともに、
　　　　　社会を保障する社会保障

(1) 日本の豊かさを支えていたもの

我が国が、敗戦により灰燼に帰した国土からわずか 20 年弱でOECD に加盟して先進国入りを果たし、東京オリンピックを開催して成功させ、その後も、公害の発生等負の側面はあるものの、高

---

(8)　宮台真司『まぼろしの郊外　成熟社会を生きる若者たちの行方』(朝日新聞社、2000 年) 129 頁 (初出 1996 年)。

度経済成長を続け、豊かさを享受できるようになった要因としては、①国民の勤勉努力、②軍事費の低さ、③国民統合のコストの低さ、が挙げられよう。

　①については、元来日本人は、勤勉実直な国民性を有するとともに、高度経済成長の中で、その恩恵を国民各層が享受でき、国民の間に「頑張れば報われる」という人生観・社会観が共有され、実際にも努力が報われて、いわゆる「立身出世」するケースも多々存在した。そうした中で、滅私奉公の猛烈サラリーマンとして、製造業を中心に良質な労働力が供給され、高度経済成長を支える原動力となった。

　②については、冷戦下、安全保障や外交において、日米安保によるアメリカの核の傘の下にいれば安泰であり、戦争放棄を謳った憲法第9条を盾にして自前の防衛力整備を最小限に抑え、国家予算を防衛費で費消することなく、公共事業や産業振興、社会保障等に充当することを可能とした。

　③については、我が国は基本的には単一民族の島国であり、外国人労働者の受け入れにも厳しかったことから、喜怒哀楽や価値観といった感性を共有する同質社会を容易に維持することができ、国民統合のコストもかからなかった。

　しかし、現在において、これらは分岐点にある。①については、教育や雇用といった場面で、「頑張れば報われる」という感覚は、格差の出現、拡大、固定化により希薄になり、②については、冷戦集結後、もはやアメリカが世界の警察でなくなった時代において、安全保障や外交は、アメリカに追従するのみでなく、積極的、主体的に展開していかなくてはならなくなった。③については、物質的豊かさの中で、国民の価値観やライフスタイルが多様化し、世代間の感覚の相違の拡大、社会の階層化などが進むことにより、国民の

間の同質性が失われつつあり、治安維持に始まり政治的コンセンサスの形成に到るまで、国民統合に要するコストが高くなっていくと考えられる。

　まさに戦後日本の繁栄を築いた諸条件がいずれも崩れつつあり、国際社会の中での我が国の経済的地位は低下するばかりとなっている。

(2) 国民の分断による負のスパイラル

　格差の出現、階層化は、正規労働者－非正規労働者－生活保護受給者という層化において見られ、現在は、これらの層の間でお互いに緊張関係（相互不信）を有した状況にある。

　具体的には、お互いに対するレッテル貼り、特に「既得権益」というレッテル貼りが行われ（例えば、「ナマポ」という言葉に表される正規・非正規労働者から生活保護受給者へのレッテル貼りや、不本意非正規労働者から正規労働者への「時代が良かっただけなのに」的言説）、既得権益叩きというポピュリズム的な現象が生じている。

　前節(4)でも述べたように、社会保障制度改革が進まないことによって、こうした国民の分断が拡大し、そうした国民の分断は、社会保障制度改革を巡るコンセンサスをますます得にくくさせ、安定した社会保障制度の構築を妨げるといった負のスパイラルが顕在化している。

　そして、こうした国民の分断によって生じる負のスパイラルは、本来もっとも社会保障の必要性が高い社会的弱者である障害児・者や社会的養護を必要とする児童の生活を直撃する。

(3) 民主主義と社会保障

　蒲島郁夫・境家史郎は、近年の日本人の政治参加は低調であり、

そのような日本人が唯一行う「投票」には特殊性があるとし、その特殊性とは、どのような社会的、経済的立場の人も同じように投票を行うという、「社会経済的バイアス」の不存在（学歴の低い人も投票を行う）であると指摘している[9]。

　具体的には、選挙に際して、農民が動員され、また、農村から都市部に出て来た都市単純労働者は、創価学会が積極的に投票に勧誘した。その一方で、都市部高学歴層は、無党派が多く、政治的疎外感を有する状況にあった。そのため、比較的、低学歴層の意見が政治において反映されるという、平等な社会を生み出す素地が存在していたと振り返る。

　しかし、1990年代以降は、減反政策等により農民の政治的有効性感覚が減少したこと、冷戦が終結し、各党のイデオロギー対立が減少することで、政策の内容の差異が少なくなり、その違いを見抜ける者が高学歴層のみになったことから、相対的に高学歴層による投票率が上昇することとなっているとし、蒲島・境家は、これを政治参加における逆リベラル・モデルと名付けている。

　この逆リベラル・モデルでは、高学歴層の意見が多く政治に反映されることで、民主主義の下での政治参加の面においても格差が生じることとなり、社会的、経済的な不平等が政治的な不平等にもつながることを意味する。

　したがって、国民の多様な意見が表明、反映される健全な民主主義を成り立たせるためには、自立した社会人としてのスタート時点での格差を小さくする教育機会の充実と並んで、スタート後に生じた不合理な格差を縮小する社会保障の充実が不可欠となる。

---

(9)　蒲島郁夫・境家史郎『政治参加論』161、185、210頁（東京大学出版会、2020年）。

⑷ 社会「が」保障する、社会「を」保障する社会保障

　これまで見てきたように、社会保障は、社会や国家「が」国民の生活を保障するという側面とともに、それによって社会的排除を失くし、格差を是正することで、社会の安定を成り立たせ、国民の統合を容易にするといった、まさに社会や国家（の存続）「を」保障するという側面を併せて有しているということを、改めてしっかり認識することが肝要である。

　かけがえのない一人一人の生活の安心を守るとともに、その一人一人の安心を育む基盤となる共同体の存立も守っている（言い換えれば、安定した社会、国家の形成・持続を可能とする）のが、社会保障なのである。

◆ 第 3 章 ◆
社会保障と社会保障法学

◆ 第 1 節　社会保障法学の現在

(1) 社会保障法学の水準

　現時点での我が国の社会保障法学について、単著の体系書におい
て示される到達点として、菊池馨実『社会保障法〔第 3 版〕』(有斐閣、
2022 年) を挙げることにはほぼ異論がないであろう。

　菊池は、自著を紹介する論稿において、「社会保障法はこれまでマ
イナーな学問分野であった」とし、「社会保障法が学問分野として高
い評価を得られてこなかったとすれば、ひとえに学界の力量不足に
よるところが大きかったと考えられる。マイナー科目から真の意味
での『先端科目』への脱皮を図るためには、上記の 2 つの側面（法
学研究と社会保障研究）で客観的に評価され得る水準の研究業績を地
道に積み上げていくほかない」とする。そして、「学問分野の水準を
図る物差しとなるのは、優れた学術論文や研究書の蓄積であると同
時に、透徹した視点で描かれた単著の教科書や体系書の存在である」
とし、社会保障法学においては、後者の蓄積が不十分であったとする。

　その上で、自著の目的として、「法制度の解説・裁判例の動向・
法理論の展開などを織り交ぜながら、歴史的経緯を踏まえた社会保
障法の到達点を明らかにすること」であると述べている[1]。

---

(1)　菊池馨実「実定法学としての社会保障法―『社会保障法』を刊行して」

　さて、本章で論じたいのは、そこで挙げられた「法理論の展開」、とりわけ社会保障法総論とでも呼ぶべき法理論の展開についてである。

⑵　抵抗の社会保障法学

　もっともその前に、これまでの社会保障法学が有していた傾向を整理した上で、社会保障法学が現在置かれている状況、立ち位置を論じてみたい。

　従来の社会保障法学は、「生存権を全面に押し出して社会保障の権利を『闘い取っていく』という、運動論的な権利主義的社会保障論」であり、そのようなモデルは「財源の制約が厳しくなった状況下にあって、その限界が指摘されるに至っ」ている[2]。

　こうした指摘については、今から四十余年も前に、社会保障に造詣が深い社会学者であった福武直が、単純素朴な攻撃的権利主義論では、社会保障の危機を乗りきれないとして、下記のように主張していたことと相通じるものである[3]。

　　低成長のもとでパイの増大が容易に望めなくなった今日、しかも社会保障費の膨張を不可避とする高齢化の急速な進行が予測される現在、権利主義的社会保障論は、その有効性を失ってきているといってもよい。将来にわたって社会保障をいかにして守りきるかが問われているばあい、単純素朴な攻撃の理論では、社会保

　『書斎の窓』636 号（2014 年）38 頁。

⑵　同『社会保障法制の将来構想』（有斐閣、2010 年）333 頁（初出 2007 年）。

⑶　福武直「社会保障と社会保障論」同『社会保障論断章』（東京大学出版会、1983 年）88 頁（初出 1983 年）。

障の危機を乗りきれないというわけである。…いささかの福祉見
直しをも切り捨てとして反対する権利論ではなく、真の見直しを
必要と考え、体系的整合性を計ったうえで、なお不十分な分野の
充実を求める理論が必要だということにほかならない。

　さて、四十余年前の論稿の一言一句が今もなお妥当する状況をど
う捉えればよいのだろうか。

　憲法25条万能論的な従来の社会保障法学は、「憲法25条打ち出
の小槌論」とでも称されようが、アカデミズムに対し直ちに実社会
での有効性、有用性を持ち出すのは筋違いであり、控えるべきであ
ることは認識しつつも、少なくとも説得力を喪失していることは間
違いない。

　こうした従来の社会保障法学の状況に対しても、第1章第6節(3)
で取り上げた高橋和之の「抵抗の憲法学」から「制度の憲法学」へ
と説く論説は極めて示唆に富むものである。「抵抗の視点からは、
そこで犠牲にされた価値をあくまでも主張し、現実になされた選択
を批判していればよい。しかし、制度の視点は、そのような無責任
な態度を許容しない。自己の責任において選択することを迫るので
ある。失敗すれば、批判を甘受しなければならない。『手を汚す』
覚悟が必要なのである」[4]という指摘は、社会保障法学においても、
まさに当てはまる。

　更に言えば、「どんな政治的ユートピアもそれが政治的リアリ
ティから生じるものでない限り、最低限の成功さえおぼつかない…。
…未成熟な思考は、すぐれて目的的でありユートピア的である。と

---

(4)　高橋和之「『戦後憲法学』雑感」同『現代立憲主義の制度構想』（有斐閣、
　　2006年）17頁（初出1999年）。

はいえ、目的を全く拒む思考は老人の思考である。成熟した思考は、目的と観察・分析を合わせもつ。…健全な政治思考および健全な政治生活は、ユートピアとリアリティがともに存するところにのみその姿を現わすであろう」（E.H. カー）[5]。蓋し名言である。

◆ 第 2 節　二重の宿痾

(1) 近代化と現代化

辻清明は、かつて、我が国における行政学について、「旧い官僚制に対する民主的挑戦を敢えて試みつつ、他方においては新しい官僚制からなされる挑戦の試練に耐えるだけの弾力性をこの制度がもちうるかどうかという二重の課題」（行政権の民主化と現代化）を有していると述べていた[6]。すなわち、行政学がその分析の客体としてきた官僚制について、明治憲法下における天皇の奉仕者という性格が、戦後もそのまま引き継がれ、民主化が行われていないのではないかという「旧い」問題に取り組みながら、国家権力が行政に集中する行政国家現象という「新しい」問題にも同時に取り組まなければならないという、いわゆる二重の宿痾が存在し、行政学はそのいずれについても同時に克服していかなければならない宿命にあるとの指摘である。

こうした行政学と同様、社会保障法学においても、イデオロギー的・運動論的社会保障法学の克服と実定法学としての社会保障法学の確立（近代化）とともに、給付と負担の公平を始めとする社会保障制度が抱える喫緊の諸課題への処方箋の提示（現代化）が、二重

---

(5)　E.H. カー（原彬久訳）『危機の二十年―理想と現実』（岩波書店、2011 年）37 頁。

(6)　辻清明『新版　日本官僚制の研究』（東京大学出版会、1969 年）26 頁。

の宿痾として存在しているということである。

　再び福武直は、社会保障理論について、単純な権利論から脱皮させ、国民生活安定のための連帯の理論として確立させること、そして、公正な負担と妥当な給付、重点的な効率化の道が探られなければならないとし、当面は体系的整合性への道をならすように、過剰給付を削減し、制度間格差を縮小し、集団的利己主義を排して財政調整を行うことが必要であると指摘していた(7)。

　現代の社会保障及び社会保障理論を巡る構図が、四十余年前に福武が指摘したものと未だ何ら変わっていないことを改めて痛感する。

(2)　法学の役割そのものの宿痾

　社会保障法学における主要な研究領域として、判例評釈を始めとする解釈論とともに、年金・医療・福祉等の各分野における欧米諸国の制度を紹介する比較法研究が挙げられる。

　ただ、比較法研究については、前章第1節で述べたように、制度を単に平面的に紹介するにとどまり、それぞれの国の政治、社会、文化を背景とした当該制度の根底にある基本的な考え方にまで遡って、我が国との差異を踏まえた我が国への導入なり適用の可能性までの考察を深めないまま、論稿の最後に「日本法への示唆」といったようなタイトルを付した限られた行数での一般論、抽象論を述べているだけのものが多い観がある。

　また、さらに近年は、法学そのものの役割が、これまでのようないわゆる輸入法学のままで良いのかとの本質的な指摘もなされるようになっている。

　内田貴は、「二〇世紀後半になって、西洋をモデルとする近代化

---

(7)　福武直「社会保障の課題と将来」同・前掲注(3)16頁（初出 1981 年）。

を終えたとの意識が日本社会の中で暗黙のうちに共有された。」そして、「政府の政策の重点は、社会や法制度の『近代化』から、市場の運営へと移った。このとき、西洋をモデルに、日本社会を近代化するための目標提示の役割を担ってきた日本の法学のひとつの役割が終わりを告げたということができる。いきおい、政府の政策形成における経済学のウェイトが高まる。法に関する知見が求められる場合も、学問としての法学よりも法実務の観点が重視される」として、「比較法を通して法の発展段階を認識し、最新の法のあるべき姿を評価して日本に導入するというスタイル…の学問が役割を終えたとすると、これからの日本で、法学はどのような役割を担うのだろうか」という根源的な問いを投げかけている[8]。

　また長谷部恭男も、「戦後の日本の法学が（戦前の日本も）、その時々の先進諸国の学術の成果を輸入すれば足りるという、学問としては幸福な環境にいた…。同時に、そうした環境のために、憲法学は丸山眞男の言う『たこつぼ型』の学問にとどまり続けてきたように思われる」と、同様の指摘を行っている[9]。

　こうした法学そのもののあり方自体が役割を終えたとするならば、法学の一分野である社会保障法学の宿痾はさらに一つ増え、三重の宿痾を背負っていると言える。

---

(8)　内田貴『法学の誕生─近代日本にとって「法」とは何であったか』（筑摩書房、2018 年）356、408 頁。

(9)　長谷部恭男『神と自然と憲法と　憲法学の散歩道』（勁草書房、2021年）275 頁。

◆ 第3節　社会保障法学の方向性

(1) 法理念と法解釈

　現在、社会保障法研究の方向性は、比較法研究と法制史研究を除いて、敢えて単純化すれば、社会保障制度を貫く法理念を探求する(α)型と、各制度の緻密な法解釈論を展開する(β)型に大きく分けられよう。

　(α)型の例としては、政治哲学から社会保障が依拠する法理念を導き出し、その基本的な法的根拠を憲法13条に見出す学説が挙げられる（受身的な25条から主体的な13条へ）。これは、憲法25条をその理念的根拠とする通説的な考えとは異なるという点で、社会保障を巡る視座の転換を意味し、そこから「規範的政策策定指針」を導こうとする、いわゆる「大きな（マクロ的な）価値選択の設定」を行うものであるといえる。この型では、13条論に基づき、社会保障法全体に横串を刺す「総論」に着目する、菊池馨実「社会保障と社会保障法学の課題と展望」[10]に示された主張が典型例である。

　(β)型の例としては、社会保障の各領域にわたって「契約」を念頭に置きながら緻密な法解釈論の構築を目指す学説が挙げられる。個々の契約を巡る法解釈になるため、「現場での価値選択の積み重ね」が行われることになる。そのため、社会保障法においては、「制度各論」に重点が置かれ、各々緻密な法解釈を行うことになる。岩村正彦「社会保障法と民法—社会保障法学の課題についての覚書—」[11]に示された認識が典型例である。ここには、「契約」だけではなく、「（行政）処分」を巡る法解釈も当然含まれることとなり、まさに伝統的法学の王道たる解釈学を極めるとの方向性である。

---

(10)　菊池馨実『社会保障の法理念』（有斐閣、2000年）248頁。

(11)　中嶋士元也先生還暦記念編集刊行委員会編『労働関係法の現代的展開—中嶋士元也先生還暦記念論集』（信山社、2004年）390頁。

⑵ 法理念と法解釈の中間項たる法理論

　さて、ここで⒜の理念論と⒝の解釈論の両者を架橋するものとして、中間項たる「法理論（総論）」が重要となる。すなわち、理念を各論部分に落とし込み、個々の法解釈を導いて具現化させるための、制度横断的な法理論が必要となってくる。また、この制度横断的な法理論は、解釈論に止まるものではなく、いわゆる立法論、菊池の言う社会保障の「政策策定指針」において、理念を個別制度の設計に制度横断的な整合性を持って落とし込むためにも必要となる。こうした点で、いわゆる社会保障法総論（理念論に留まらない制度横断的な法理論）が必要となるわけである（次頁図 3 参照。箱の中の①、②については後述）。

　もっとも、社会保障法学においては、これまで憲法 25 条に係る生存権論や社会保障法の体系論といった視点での総論は存在したものの、上述の観点からの総論は、堀勝洋『社会保障法総論』（東京大学出版会、1994 年）（第 2 版は 2004 年）を嚆矢とするも、その後の蓄積は必ずしも十分とは言えない。

　敢えて厳しい言い方をすれば、刑法における結果無価値論・行為無価値論や、労働法における就業規則や不当労働行為といった概念のような、その法分野全体を横断的に捉えようとする法理論が、社会保障法には不十分であり、その点で法学としてのダイナミズムが不足している観がある。そうした試みとして、菊池馨実『社会保障法制の将来構想』（有斐閣、2010 年）は、13 条基底説から導かれる制度各論の解釈、立法の方向性を提示する試みであるが、さらに一歩踏み込んで、理念と解釈、立法の間を結ぶ中間項として、制度横断的な法理論（総論）の厚みを増すこと、すなわち、社会保障制度を組み立てている社会保障制度特有の法的道具立ての考察を一層深めていくことが求められる。

図3：社会保障法学を巡る構図

(α) 政治哲学→法理念→マクロの場面での価値選択→規範的政策策
　　定指針

両者をつなぐ中間項としての法理論
　＝社会保障制度特有の法的道具立ての考察
制度横断的法理論による個別制度間の整合性の確保と発展
　＝社会保障法総論
① 給付と負担の公平性に関すること
② 選択できる良質なサービス提供の確実性と効率性に関すること

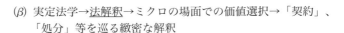

(β) 実定法学→法解釈→ミクロの場面での価値選択→「契約」、
　　「処分」等を巡る緻密な解釈

◆ **第4節　社会保障法総論の構成要素**

(1) 社会保障法総論の薄さ

　前節(2)で述べた社会保障法総論の薄さについては、社会保障法研究者からも、これまで累次指摘されているところである。

　『社会保障法研究』創刊第1号の巻頭言である「創刊にあたって」では、岩村正彦・菊池馨実は、社会保障法学について「政策・立法の検討・分析のベースを提供する基礎的研究の充実を図ることの必要性」を指摘している(12)。また、菊池は、社会保険についてであるが「制度横断的な総論的研究はまだ少ない」としており、今後に

---

(12)　岩村正彦・菊池馨実「創刊にあたって」社会保障法研究創刊第1号
　　（信山社、2011年）vii頁。

期待する旨を述べている⁽¹³⁾。

　その後、『社会保障法研究』第8号（2018年）では、「社会保障法学のいっそうの展開を目指すための理論的前提ともなり得る基本概念・規範概念を深く掘り下げた考察は、これまで十分には展開されてこなかった」（同書113頁）との指摘がなされ、「社会保障と基本概念」と題する特集が開始されている。

　そうした中で、社会保障制度の横断的構造を明らかにする法理論（総論）について、笠木映里は、憲法25条と社会保障、憲法14条と社会保障など、理念や概念に根差しつつ、制度横断的に制度設計や制度運用に係る具体的考察を試みており、注目される⁽¹⁴⁾。

(2) 社会保障制度特有の法的道具立て

　そこで、社会保障法の法理念と具体的な法解釈の中間項となる法理論を構成する具体的な内容としては、現行の社会保障制度が抱えている基本的な構造的課題を念頭に置きつつ（前章第1節で論じた我が国社会保障の独自性と課題を参照）、社会保障制度を組み立てている社会保障制度特有の主要な法的道具立てである次のような事項に係る制度横断的な理論の構築が求められるのではないか。

a. 財　源　論

　社会保障制度改革上の二大論点は、第1章第1節で論じたように、①給付と負担の公平性（Finance）と、②自己選択と量・質双方の担保を伴ったサービス供給の確実性及び効率性（Delivery）であり、

<small>(13)　菊池馨実「社会保障法学における社会保険研究の歩みと現状」同書136頁。</small>

<small>(14)　笠木映里「［基調報告］憲法と社会保障法―対話の新たな地平」法律時報1091号（2015年）133頁。</small>

それぞれに係る制度横断的な道具立てとしては、次のような項目が
挙げられよう。

　まず、①「給付」と「負担」の公平性については、昨今の新自由
主義的趨勢の下、自助努力が重視される中で、
　(i) 財源論として、保険料、利用者自己負担、公費負担（国負担
　　と地方自治体負担）それぞれの性格、機能と限界
　(ii) 応能負担、応益負担それぞれの性格、機能と限界
　(iii) 低所得者の定義・範囲と保険料、利用者自己負担に係る軽減
　　免除の扱い
　(iv)（所得ではなく、）資産の位置付け
　といった論点について、制度横断的な探求と諸原則の定立が挙げ
られよう。

　敷衍すると、上記(i)での保険料と公費負担については、その基本
的論点を前章第2節(3)で述べたところであり、また、公費負担につ
いては、責務・権限と能力を踏まえた国・地方自治体間の負担割合
の問題もある（都道府県と市町村間の負担割合も含む）。

　また、(ii)については、利用者自己負担の正当化根拠は応益負担と
いうことになるが、そこに応能負担の要素をどこまで加味できるの
か、さらに、保険料についても税同様に応能負担の要素を加味する
ことをどう考えるのかという論点がある（利用者自己負担割合や保険
料における累進性強化の是非）。

b．サービス論
　次に、②自己選択と量・質双方の担保を伴ったサービス供給の確
実性及び効率性については、昨今の新自由主義的趨勢の下、市場原
理が重視される中で、
　(i) サービス供給への参入主体（法人要件。特に営利企業の参入の

是非）と具体的参入要件（参入規制のあり方）

(ii)　サービス提供主体と利用者の間の情報の非対称性の是正

(iii)　サービス利用計画における自己選択の許容幅とその反映手続

(iv)　サービス供給体制の整備（量と質の両面）における行政関与の手法と限界

といった論点について、制度横断的な探求と諸原則の定立が挙げられよう。

敷衍すると、上記(ii)については、サービス提供主体による情報の開示、エビデンスの蓄積を踏まえたサービスの標準化の必要性、標準化を目指す場合に、いわゆるガイドラインの策定主体（行政か学会か業界団体か）とその法的ないしは報酬上の拘束力、保険者機能の強化といった手法が考えられよう。

また、(iv)については、行政による計画策定の内容と策定手続、((i)に述べた）参入規制のあり方と参入促進に向けた各種誘導策といったことが考察の対象となろう。

(3) 応用法学たる社会保障法学

こうした社会保障制度に特有の主要な法的道具立てに係る理論の構築は、行政法学における行政処分、行政契約、行政計画や民法学における契約総論、契約各論に係る長年の研究成果をしっかりと踏まえた上で、そこに社会保障の特性、独自性をどう織り込んでいくかという取組になるのであり、社会保障法学がまさに応用法学たる所以であることを、研究面、教育面双方において改めて確認・自覚しておく必要があろう。そして、社会保障法学からのこうしたアプローチの深化が、社会保障への視座として効率性に傾きがちな経済学からのアプローチが目立つ昨今の趨勢に拮抗し、社会保障制度の設計、運用における公平と効率の調和を生み出していくことが期待

される。

◆ 第5節　社会保障を巡る政治的決定と法的枠組

　第1章第4節で社会保障と政治の関係、そこで法学が果たすべき役割を、前節で社会保障法学における総論研究の重要性を論じたが、第1部を閉じるに当たり、改めて社会保障と政治、そして法の関係性について整理をしておくこととしたい。

(1) 社会保障を巡る政治的決定の「内容（コンテンツ）」、そして法

　岩村正彦によれば、社会保障法は、法政策論、立法論の持つ重要度が高く、経済学・財政学、社会学、政治学・行政学の成果を積極的に取り込んでいかなければならないとし[15]、また、菊池馨実は、第3節で述べたように、社会保障法学の任務の一つに、規範的政策策定指針の提示を挙げ、社会保障法学における政策論のウェイトの大きさを指摘している。

　太田匡彦は、さらに突っ込んだ原理的な考察を行い、社会保障と法、政治の関係について、社会保障の存否及び内容は政治決定に委ねられるものが大半なのであり、法的側面からのみのアプローチに対して警鐘を鳴らすとともに、個別法の不整合な発展に再考を促す法理論の必要性を鋭く指摘している。

　・社会保障制度について最低限のものを備えることを日本国憲法は要求しているとは言えても、それを超えたところで設定すべきレベルを定めることが、ここまでは必要であるという文脈で

---

(15)　岩村正彦『社会保障法Ⅰ』（弘文堂、2001年）22頁。

も、これ以上は違法という文脈でも困難であり、政治決定に委ねられている。

・社会保障制度のあり方は根本的には政治決定にゆだねられ安定しない[16]。

・社会保障の構造は、法と切り離して把握することが必要であり、そのため規範論的検討を性急に導き入れるべきではない。社会保障を行うか否か、どのような形で行うかは政治によって決定され（合理的な決定を導くために政策を考える）、かつその決定された社会保障政策を法によって行うか否か、どのような法によって行うかも政治決定に依存する部分が多い。

・社会保障の法による規律・実施は社会保障に関する政策の一部にのみ関わる。このような関係を認めうるにもかかわらず、社会保障を法に依存させ、社会保障法の把握（定義・体系化）から論議を出発させるのは、社会保障の構造に対する透徹した分析をかえって妨げる危険がある[17]。

・社会保障制度と法は相互に独立であり—法と社会保障とが持つ歴史は全く異なる—このような思考方法では、社会保障の存在あるいは制度化のために決定を要求するポイントの一部しか捉えられない危険がある。

・我々は、政策における法を真剣に考えようとするのであれば、政策や政策の対象となっている事象の構造を考えることにも、同程度の注意を向けなければならない。そうして我々は初めて…法はいかほどの機能を果たせるかを繊細に考えうる。

---

(16)　太田匡彦「リスク社会下の社会保障行政（下）」ジュリスト 1357 号（2008 年）97 頁。

(17)　同「対象としての社会保障—社会保障法学における政策論のために—」前掲注(12)182 頁。

◆ 第一部　社会保障制度を巡る政治的決定の内容（コンテンツ）

・社会保障を制度化するにあたり決定すべき諸点は広範に及び、原則の不在を語ることしかできないかのような形で日本の社会保障制度は複雑な様相を示す。これはまさに、実定法に立脚しつつもそこから諸原則を導き、個別法の不整合な発展に再考を促す機能を持つ法ドグマーティクの発展が社会保障領域において不十分であることを示している(18)。

　社会保障法総論の厚みが増すことによって、社会保障を構成する各制度が法理論的に一貫した体系の下で構築されることは、国民から見てわかりやすい制度になるとともに、各制度間の整合性、補完性が確保され、制度の公平性や運用の効率性が高まることに繋がっていくこととなる。

(2) 社会保障を巡る政治的決定の「過程（プロセス）」、そして法
　自助と連帯のバランスをいかに図るのか、そして連帯の基盤をどこに見出すのかという、社会保障において連綿と議論されてきた問題が、最終的には政治によって決せられるにせよ、全てが政治決定に委ねられるとすることは果たして妥当なのか。かつての法実証主義と同様の道を辿ることになりはしないのか。
　そこで、①政治的決定の「内容（コンテンツ）」を議論、決定する際に踏まえるべき法的枠組（社会保障法総論）を考察、探求することと並んで、②政治的決定の「過程（プロセス）」を知り、それを規定する法的枠組を考察、探求することは、社会保障を考える上で、また、社会保障法を学ぶ上でも重要な意味を持つこととなる。そして、①については、自由主義に係る論点、rightness（正当性）を巡

---

(18)　同・前掲注(16)104頁。

る議論となり、社会保障法学の守備範囲であり、②については、民主主義に係る論点、legitimacy（正統性）を巡る議論となり、憲法学、政治学、行政学の守備範囲となる。

　菊池馨実は、①について、記述の通り、社会保障法学の役割として「規範的政策策定指針」の策定を挙げるとともに、②については、ポピュリズム、高齢者の声の増大、未来世代への負担などが、社会保障の政治決定のプロセス（民主制）において問題になることを指摘している[19]。

　また、政治的決定の内容（立法政策）と政治的決定の過程（立法過程）が相互に深い関係を有していることに留意することも大切である。

　小泉首相のブレーンであった竹中平蔵は、政策専門家のあり方について、理想論を唱えて政策批判をするのではなく、政治プロセスを十分熟知したうえで手順と時間を念頭に置き、戦略的な提言を行える人材であるとし[20]、研究者から任期付任用制度によって"民間人"として内閣府に入り、参事官、審議官、政策統括官（、後に内閣府特命担当大臣）を経験した大田弘子も、政策は過去からの連続性をもち、利害対立の中で揉まれる以上、あるべき姿を打ち出すのとは意味が違い、最も意欲的な現実解を見つけることが政策に携わることの意味である（政策は"妥協"）と述べている[21]。

　続く第二部では、政治的決定の過程（プロセス）として、リーダーシップが発揮される政治プロセスの必要性を論じることとなる

---

(19)　菊池馨実「社会保障と社会保障法学の新たな展望」同・前掲注(2)341頁（初出 2009 年）。

(20)　竹中平蔵『構造改革の真実　竹中平蔵大臣日誌』（日本経済新聞社、2006 年）339 頁。

(21)　大田弘子『経済財政諮問会議の戦い』（東洋経済新報社、2006 年）260頁。

が、そうしたプロセスを最も必要としているのが、安全保障、外交と並んで、内政面では国民に厳しい負担を求めることとならざるを得ない社会保障制度改革なのであり、社会保障制度改革を論じるに当たっては、改革の内容とともに、改革の過程についても併せて論じることが不可欠となる。

⑶ 政治的決定の内容及び過程を巡る法理論

　第一部では、上記①について、社会保障制度改革における政策理念を巡る対立軸を整理・概観し、そこでの政治的決定の内容（コンテンツ）を規定する法的枠組（社会保障法総論）の構築が社会保障法学の次なる大きな役割であることを論じてきた。

　第二部では、上記②について、拙著『立法学―序論・立法過程論―』で示した問題関心を受け継ぎ、第4版刊行（2020年4月）以降の各種動向も織り込みつつ、権力付与と権力行使の二つの局面からさらに考察を進めることとしたい。

◆ 第二部 ◆
社会保障制度を巡る政治的決定の過程（プロセス）

◆ 第4章 ◆
我が国における政治的決定を
巡る過程（プロセス）の特徴

◆ 第1節　『立法学』（立法過程論）の概要

(1)　『立法学―序論・立法過程論―』の内容

　第二部においては、政治的決定の過程（プロセス）を考察していくこととなるが、それはまさに我が国における議会制民主主義のあり方を問うことに他ならない。政治的決定の代表的存在は、法律の制定や改正であり、立法を巡る過程（プロセス）に関する基本的知識と筆者の考えは、拙著『立法学〔第4版〕―序論・立法過程論―』（法律文化社、2020年（初版は2004年））で整理展開したところである。そこでは、議会前過程と議会内過程の全立法過程をカバーし、立法過程の静態（制度）と動態（アクターの意識・行動）、実務、そして統治機構論に踏み込んだ規範的考察といった諸要素を盛り込み、時代性とともに、静態と動態の相互関係を捉えるべく、学際性を伴った叙述に心掛けた。お蔭様で、刊行から20年が経過し、その間改訂を重ねて、最新版は2020年4月刊行の第4版となっている。

　この『立法学―序論・立法過程論―』の主な内容は、次の3点である。

　(1)立法過程に関する、実務を含めた、静態（制度とその運用）と動態（そこに登場するアクター（与野党政治家、官僚、利益団体、マスコミ）の意識と行動）について、政治的意思決定の各段階（省庁

内、政府内、与党内、国会内）毎に、教科書（公共政策系大学院、
法科大学院、学部での公法、政治学系発展科目を念頭）として、基
本的知識を整理・解説する。

(2)政治的意思決定過程の随所（審議会、与党審査、閣議、国会審議）
に見られるボトムアップ型のコンセンサス重視とリーダーシップ
の封印構造（リーダーシップ所在の分散性）、そして、その根底に
ある我が国の人事・組織原理（日本人の精神風土）を指摘し、そ
れが分配の政治、先送りの政治を生み出していることを示す。

(3)その上で、政策本位の政治、決断の政治の実現に向け、統治機
構のあり方に踏み込んだ課題（政治主導とは内閣主導であること）
とその実現に向けた方策を提示する。

その全体像を図示したものが、次頁図4である。

その上で、本書第二部では、前著の内容を引き継ぎながら、(i)
前著第4版はしがきで、その考察は後日に期すことと記した、第2
次安倍政権についての考察を行うとともに、(ii) そこでの評価も踏
まえて、リーダーシップの行使には、自制（リーダーが備えるべき
徳）と他律（政権を担える健全な野党の存在）が求められる旨を新た
に論じることとしたい。

(2) 立法学の意義

今日の法学・政治学に係る研究及び教育は、時代性と学際性を兼
ね備え、実務サイドとも連携して、（第1章第6節(3)で触れたように、）
抵抗の精神に根差しつつも、現実を見据えた制度の設計と運用に関
する理論を提示していく必要がある。法学が実定法を前提として法
解釈学を中心に据え、政治学が制度を前提としてアクターの意識・

図4：『立法学―序論・立法過程論』の全体像

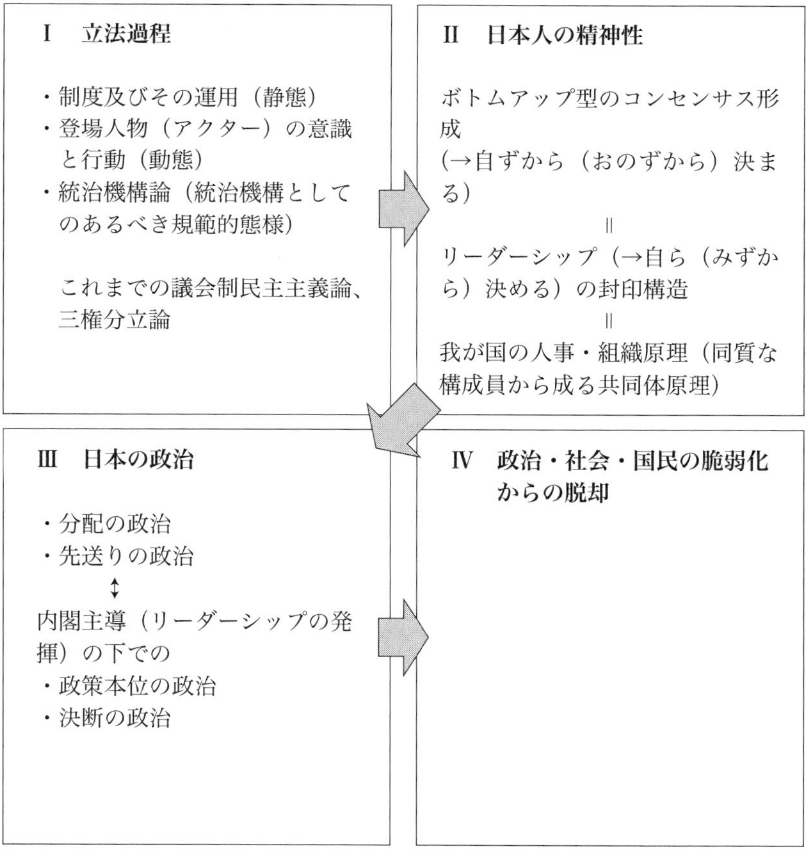

I　立法過程	II　日本人の精神性
・制度及びその運用（静態） ・登場人物（アクター）の意識と行動（動態） ・統治機構論（統治機構としてのあるべき規範的態様） これまでの議会制民主主義論、三権分立論	ボトムアップ型のコンセンサス形成 （→自ずから（おのずから）決まる） ‖ リーダーシップ（→自ら（みずから）決める）の封印構造 ‖ 我が国の人事・組織原理（同質な構成員から成る共同体原理）
III　日本の政治	IV　政治・社会・国民の脆弱化からの脱却
・分配の政治 ・先送りの政治 ↕ 内閣主導（リーダーシップの発揮）の下での ・政策本位の政治 ・決断の政治	

行動に焦点を当ててきた中で、そこからともすれば抜け落ちがちであった、立法を通じた制度設計の内容、立法過程の現状とあるべき姿について探求することは意義あることであり、「立法学」の役割もそこに存するとの考えが、前著及び本書の根底にある。

　時代が大きくかつ目まぐるしく変化し、社会保障や公共事業といった各種の政策分野のみならず、国家運営の基本となる議会制民主主義に到るまで、戦後整備されたあらゆる制度が、その見直しを喫緊の課題として迫られる中で、いかなる哲学や理念に基づき（立法政策）、どのような政治的プロセスを経て（立法過程）、それらの見直しが行われていくべきなのか、これらをテーマとする「立法学」の持つ意義は今日ますます高まっていると言えよう。

◆ 第2節　立法過程の概観と特色

(1) 立法の具体的流れ

　議院内閣制を採っている我が国では、国会に提出される法律案は内閣提出法案が大半であり、議員自らが作成、提出する議員提出法案のウエイトは、近年増してはきているものの、相対的に低い。成立数、成立割合においても、同様である。

　内閣提出法案は、各省庁の官僚が原案を作成し、そこには審議会での利益団体の意見やインフォーマルな仕組である与党審査の場での与党議員（とりわけ族議員）の意向が反映され、他省庁との調整、内閣法制局による審査を経て、閣議で決定した後、国会に提出される。その後、国会での審議が開始され、議事運営、法案内容を巡って与野党間の攻防（権力闘争）が繰り広げられる。野党の主張に妥協する形で、内容に修正が加えられたり、廃案となることも屡々生じる。

　より詳細に辿れば、以下の通りである。

　・法律の原案は、省庁の担当部局が中心となって、有識者や利益
　　団体から構成される審議会等での議論を経つつ、作成される。

・その後、内閣としての一体性確保のため、他省庁との協議・調整が行われるとともに、既存法体系との整合性や条文配列、表現振り等の立法技術的観点から内閣法制局による審査を受ける。

・こうした政府内の手続と並行して、内閣と与党の一体性を確保し円滑な国会運営を図るため、我が国特有の与党審査といった事実上の手続で与党の了承を得た上で、閣議での決定を経て、内閣提出法案として国会に提出されることとなる。

・国会では、衆議院が先議院となることが圧倒的に多く、本会議でも趣旨説明及び質疑が行われる重要広範議案（通常国会において4件程度）等を除き、議院運営委員会によって割り振られた委員会に直ちに付託され、委員会での審議が開始される。我が国では、議案の審議は、委員会を中心に行われ、委員会での審議が法案の成否を左右する（委員会中心主義）。

・野党は、会期不継続の原則に則り、審議引き延ばしによる会期末審議未了廃案への追い込みか法案内容の修正という与党の譲歩の引き出しを狙い、与党は可能な限り譲歩を図るものの最終的には採決を強行するという、与野党の国会対策委員会間での協議を通じた攻防が展開される（国対政治）。

・審議は、議員間の議論ではなく、議員から総理、大臣等政府メンバーへの質疑という形態で進められる。委員会での審議が収束すると、公聴会あるいは参考人質疑を経て、討論（与野党から議案に対する賛否それぞれの意見が表明されるだけで、（野次の応酬以外、）議員同士の遣り取りは行われない）、採決へと進む。委員会で可決された法案は、本会議に送付され、委員長報告の後、採決が行われる。

・本会議で可決された法案は、後議院に送付され、先議院と同様のプロセスを辿ることとなる。法案は、原則として両院で可決

されて初めて法律となり、公布手続を経て、施行される。

⑵ 執拗低音としての全会一致志向

　上記の各場面（審議会、閣議、与党審査、国会での議事運営）で「執拗低音」のように展開されるのが、出来る限り反対者の存在を顕在化させない「全会一致」の追求であり、そこにはボトムアップ型のコンセンサス形成を基本とする組織原理（組織構成員の同質性を前提としたコンセンサス（全会一致）追及による組織内同質性の堅持志向）が存在しており、法的にも憲法学での伝統的通説たる議会制民主主義論がそれを正統化している。

　こうした意思決定の特徴について、省庁での審議会運営に即し、自らの参加経験も踏まえて深く洞察したものに、森田朗『会議の政治学』（慈学社出版、2006 年）、同『会議の政治学 Ⅱ』（慈学社出版、2014 年）がある。そこで描かれている光景は次のようなものである。

・座長の責任は重い。委員は、座長の「顔」を立ててこそ、自分の「顔」も立つのだと述べたが、座長の観点からは、その権威を保ちつつ、審議を順調に進め、予定された期限までに、まとまりがあり、事務局の期待にも沿う内容の結論で全員の合意を得るためには、それぞれ意見や考えの異なる委員の「顔」を上手に立てて、審議の進行に協力してなくてはならない[1]。
・座長が会議の場で意見を集約し、全員一致に向けて議事を運営していくうえでとくに重要なことは、…少数意見の扱いである。…少数派にしてみれば、譲歩とメンツの均衡点をどのように考えるか。…決定を多数決で行うことは、少数派の顔をつぶすこ

---

(1)　森田朗『会議の政治学 Ⅱ』（慈学社出版、2014 年）108 頁。

とであり、それは同時に、座長自らの顔がつぶれることでもある。それを避けたいというインセンティヴが、合意を生み出す強い原動力になっている[2]。

　このように、多数決を避け、全会一致に近い形で意思決定をしようとする姿勢は、具体的には以下に述べるような形で、意思決定の各場面において見られるところである。

　閣議では、現行憲法上、内閣の活動方法に関する規定はなく、内閣法第 4 条第 1 項が「内閣がその職権を行うのは、閣議によるものとする」と定めているのみである。その閣議は、全会一致が慣行となっており、学説も、全会一致制は憲法第 66 条第 3 項に定める「内閣は、行政権の行使について、国会に対し連帯して責任を負う」と結びついた当然の手続であるとの見解が通説である。

　与党審査では、法律案等について省庁側からの説明を受け、それに対する質疑応答を経た後に、採決が採られることはなく、部会長等からの「本件はご了承いただいたということで」あるいは「本件は私（部会長等）にご一任いただくということで」といった発言で収束が図られるといった流れが一般的である。

　国会審議では、以下のような実相が展開される。

a. 議事運営についての全会一致ルール

　法案の審査日、質疑時間、質疑順、採決時期などの具体的な議事運営を決める委員会の理事会においては、慣例として全会一致ルールが適用されており、採決そのものより、そこに到る手順を巡る協議に時間を要する。野党に対する粘り強い説得工作が功を奏せず、

---

(2)　同『会議の政治学』（慈学社出版、2006 年）50 頁。

最終的に意見の一致を見なかった場合、多数決ではなく、委員長職権による決定という形が採られることとなる。

　議員提出法案においても、成立を期すものは、各党派が内容も含め合意して提出されることが先例となっている。

b．与野党の攻防

　野党の国会戦術の基本は、審議引き延ばしによる会期末審議未了廃案への追い込みか法案内容の修正という譲歩の引き出しであり、与党は、野党の賛成を得る、最低限でも野党に退席させず、その出席の下で粛々と採決を行うべく、可能な限り譲歩を図るものの、最終的には採決を強行することになる。

　与党の譲歩の具体例としては、その度合いが低い順に、①野党の慎重審議要求を踏まえての採決日の延期、②野党の主張に沿った内容の確認答弁、③野党の意向を盛り込んだ附帯決議、④将来の制度見直しを義務付ける見直し条項の追加、⑤野党の要求に応じた法案内容の修正、⑥問責決議を受けた大臣の退任、⑦当国会での成立を断念し、継続審査ないし廃案とする決断などである。

　このように、与党は野党に融和的な国会運営を行うが、妥協の余地のない重要法案については、強行採決、会期延長によって、さらには衆議院解散も辞さないとして、是が非でも成立させようとする。稀に示されるそうした強硬姿勢の前では、野党の抵抗も功を奏さないこととなる。

(3) 既得権益の跋扈

　コンセンサス重視は、民主主義である以上、当然のことである。ただ、コンセンサス形成を過度に重視した結果としての結論の先送りや玉虫色の決着は、既得権益を有し、政治的影響力（票（集票力）

と金（資金力））を有している（声の大きな）少数派に拒否権を与えることにつながり、既得権益の打破による全体利益の実現に向けた改革が進まないという事態に繋がることとなる。

　これについて、井上達夫は、「合意の貧困」として、コンセンサス原理は政治的影響力を有する利益団体による部分利益のゴネ得を許すとともに、政治的決定の責任の所在も曖昧にしてしまうことにつながるとして、次のような評価を下している[3]。

　コンセンサス原理は意志決定へのすべての参加主体に拒否権を与えるというその柔和な外観にも拘わらず、現実には、一定の閾値以上の政治的組織力をもつ集団以外の主体には、異論表出を抑える強い同調圧力を加える一方、政治的組織力のある集団には反公共的な特殊権益のゴネ得的享受を可能にする強い政治的拒否権を付与し、さらには政治的答責性を主体的にも主題的にも曖昧にし民主的決定過程の政治的学習機能を掘り崩すという機能を果たしてきた。

　コンセンサス重視（裏返せば、拒否権の行使）の常套句たる「審議が尽くされていない！」「国民の理解が得られていない！」との台詞の連呼により、結果として部分利益が擁護され、全体利益を犠牲にした政策判断が生み出されるという事態が多くの局面で見られ、この国の将来を見据えた改革の先送りが政治的日常と化しているのが、我が国の実情である。有力な利益団体が多数存在し、与党審査や国会審議の場において対立が先鋭化する（場が荒れる）ことが日

---

(3)　井上達夫『現代の貧困―リベラリズムの日本社会論』（岩波書店、2011年）xv頁（初出 2001年）。

常茶飯事である社会保障分野ではその傾向が一段と強く、社会保障
制度を巡る改革のスピードは遅々としたものとなっている。

　そもそも、そうした背景には、生産者は、自分が生産するもの一
つに関心が集中することから、消費するものが一つではなく、関心
を集中することが出来ない消費者よりも、強い影響力を確保できる
傾向があるという公共選択論のセオリーが存在するとともに[4]、
「給付は厚く、負担は軽く」を求めがちな国民世論が根底にあり、
国民は被害者であり、被害者は正義であるとするマスコミの論調が
さらに拍車をかける構図となっている。

　経済学の立場から日本の政治を分析した井堀利宏・土居丈朗は、
改革の最大の障害が既得権の存在であるとした上で、共同体の基礎
を成す国民の所属の流動化に対応した政治のあり方や、国民にふさ
わしい政府しか持ちえないのが民主主義であることについて、次の
ように的確な指摘を行っている[5]。

　・政治の現状が国民の望む姿と乖離し、国民の選好が政治に適切
　　に反映されていないもどかしさを感じる人は多いだろう。政治
　　をより身近なものにし、これからの日本政治を改革するために、
　　いま最も大きな障害となっているのは何であろうか。それは、
　　私たち国民が持っている既得権である。…規制産業、参入規制
　　の特権を享受している業界団体、公益団体、また、年齢や地域
　　などを理由にした既得権を享受している人々への切り込みが日
　　本政治を改革するために最も重要な課題である。

(4)　小林良彰『公共選択』（東京大学出版会、1988 年）90、146 頁。そもそ
　　もの主張は、アンソニー・ダウンズ（古田精司監訳）『民主主義の経済理
　　論』（成文堂、1980 年）262 頁。
(5)　井堀利宏・土居丈朗『日本政治の経済分析』（木鐸社、1998 年）269 頁。

それらは、日本社会全体の安定的な秩序の維持や公平性の価
値判断のもとで、ある程度は正当化されるものの、「弱者」の
名の下にそれらを保護する政策が大きな不公平をもたらし（本
当に経済的に恵まれていない人々への再分配になっているのかどう
か等）、経済全体で見て非効率を生んでいる。
・国民は日常の生活をする上でさまざまなグループに属している。
…これまでの日本の政治は、国民がそれぞれある特定のグルー
プに所属しているという想定で、その利害調整を主な課題とし
てきた。今後は人々の所属が流動化するという前提で、政治の
あり方を考え直す時期にきている。
　　日本の経済・社会は江戸時代に鎖国を経験した後遺症もあっ
て、人、もの、カネ、情報が国境を越えて流動化している世界
的な大競争時代への対応が遅れがちである。既得権を維持し、
その調整に政治的なエネルギーを投入しているだけでは、日本
社会は長期的にかなり厳しい状況に直面するだろう。こうした
所属の流動化に適応する政治的環境を整える重要性を、政治家
と国民の双方が意識することが必要である。
・民主主義国家である以上、政府は国民のものであり、国民は政
府の意思決定に何らかの形で関与する主体である。…結局その
国民にふさわしい政府しか作り得ないのである。この自己責任
に基づく国民像を想定した政治改革がこれからの日本政治のあ
るべき方向である。

(4) 同 質 社 会

「政治や行政はなっていない。政治家や官僚は、私達から乖離し
た感覚や常識を有している」との批判が頻繁になされるが、メン
バーの同質性を前提としたコンセンサス形成志向については、永田

町・霞が関特有のものでは決してなく、そうした我が国における人事・組織原理を今も色濃く残しているのが永田町であり霞が関であるとの理解が重要である。

　採用年次を基礎とした昇進管理と遅い選抜、小さな給与格差によって、いわゆる脱落者を出さないことで、職員の士気や組織への忠誠の持続、職場の和を重視した安定的な職務遂行、知識・スキル・経験の後輩への円滑な伝授を可能とするのが、我が国での伝統的な人事・組織原理である。官僚の人事とともに、自民党政治家の人事ルールについても、当選回数をベースにした遅い昇進、長い選抜、平等な扱いの比重の大きさにより、組織内の共存・融和を優先させ、その枠組の中で一定の競争の仕組みが組み合わされている[6]。

　こうした人事・組織原理は、グローバリゼーションや新自由主義的趨勢が強まる中、民間企業を中心にいわゆるジョブ型雇用への移行が進んで次第に崩れつつあるものの、永田町・霞が関では、一部に変化の兆しはあるものの、今も根強い。

(5) 能力平等観とリーダー育成

　こうした人事・組織原理の背景には、社会人類学者である中根千枝によると、「誰でもやればできるんだ」という能力平等観が非常に根強く存在しており、個々人に刻苦勉励を促すところに大きな長所があるとしている[7]。

　これに関連して、大嶽秀夫は、日本では、フランスと異なり、政治、経済エリートが、国民に痛みをともなうような大胆な改革を導入することが、そしてそのための強力なリーダーシップを発揮する

---

(6)　大嶽秀夫・野中尚人『政治過程の比較分析』（放送大学教育振興会、1999年）183頁。

(7)　中根千枝『タテ社会の人間関係』（講談社、1967年）77、99頁。

ことが、（善し悪しは別として）非常に困難だったのは、フランスがもつエリート主義的構造と日本における平等主義的構造との違いにあると論じている[8]。

このように同質性、能力平等観の強い我が国では、貴族制の伝統がある英仏とは異なり、いわゆるエリート層、エリート教育というものが、建前の世界で正統性を与えられて来なかった。リーダーをいかに選抜して、いかに育成し、いかにその能力を発揮させるかという課題設定や実践が、正面から問われては来なかったわけである。

加えて、歴史社会学者である筒井清忠は、現代日本が抱えている問題は、何事であれ原理的には一九二〇～三〇年代の両大戦間期に出尽くしているという基本的な考え方の下に、大衆社会的同調主義圧力が強い社会の基底的構造に加え、マスメディアの発達と大衆の政治参加が、リーダーシップの発揮にとって最も難しい社会状態を発現させたと述べている[9]。

経営学の観点から、時代が要請するだけの量と質のトップリーダーシップを、1990年代以降の現役経営者層が総体として供給していないという危機感の下に、よき経営者の具体的な姿について、その処世観を交えつつ、顔つき、仕事、資質、育ち方、退き際などの観点から考察した味わい深い書に、伊丹敬之『よき経営者の姿』（日本経済新聞出版社、2007年）がある。同書において伊丹は、リーダーの育成と民主主義、平等との間の矛盾について、次のように語っている。

---

(8)　大嶽秀夫『日本とフランス　「官僚国家」の戦後史』（NHK出版、2017年）165頁。
(9)　筒井清忠『天皇・コロナ・ポピュリズム―昭和史から見る現代日本』（筑摩書房、2022年）195頁。

・じつはエリートの育成への挑戦は、ひとり日本企業に対する挑戦であるばかりではなく、民主主義とリーダーの育成という民主主義の社会の中でのきわめて本質的な問いと同じである。次代を担う少数のリーダーを民主主義社会としていかに養成していくか、という根源的な矛盾を含みがちな問いである。（153頁）

・悪平等的民主主義の社会では、リーダーは育ちにくい。へたをすると日本はそうなりやすい。しかしそういう社会でリーダーの育成に失敗すると、何らかの理由ですでにリーダーの立場に立ってしまった人たちにチャレンジすべき新しい世代の力が弱くなる。その結果は、古い世代による支配の長期化であり、ときに独裁であり、しばしば老害である。（156頁）

　平等な国民から構成される民主主義国家も例外ではなく、どんな組織でもリーダーの存在、リーダーシップの発揮が当然のこととして求められはするが、そのあり方は、フォロワーシップとの関係も含め、多様であり、とりわけ平等な構成員から成る共同体においては、アンビバレントなものとならざるを得ない宿命を抱えている。

◆ 第3節　立法過程における課題

　前節では、我が国の立法過程の特色として、全会一致志向を指摘することから議論を始め、それは声の大きな少数派に拒否権を与えることで、全体利益を犠牲にして既得権益を擁護することに繋がること、そして、全会一致志向を生み出す土壌としては、メンバーの同質性、能力平等観が存している旨を論じてきた。

　本節では、それらと議論の流れが重なることとなるが、制度的な

側面から我が国の立法過程の課題についての議論を深めたい。

　我が国における立法過程の制度的課題については、①官僚主導から脱皮した政治主導（内閣主導）の未確立、②政府・与党二元体制（与党・政治家主導）に起因する意思決定の非公式性と不透明性（＝決定と責任の所在の不明確性）、③議院内閣制下の国会が果たすべき主たる機能の未措定（変換議会かアリーナ議会か）の三つに集約される。順次、概観していく。

(1) 政治主導（内閣主導）の未確立

　上記①については、戦前から伝統的に強固な官僚制の行き過ぎを抑え、選挙によって国民から選ばれた民主的正統性を有する政治サイドのリーダーシップの確立が求められるということである。国民に支持された明確なグランドデザインとリーダーを有する政党が与党になり、豊かな知識と経験を有する政治家によって内閣を構成して、その内閣がリーダーシップを発揮して、官僚を適切に指揮監督しつつ、政策決定を進めていくという内閣主導を目指していく必要がある。もっとも、政治主導の意味するところについて、与党・政治家主導であると解する向きが政治家の間に根強く存在するなど、内閣主導が確立せず、安定した政官関係が構築できていないのが、我が国の実情である。この点については、第6章第3節で再論する。

(2) 決定と責任の所在の不明確性

　上記②については、与党審査、国対政治に見られるように、公式な国会内部と非公式な国会外部（＝政党）の仕切りが不明確であり、実質的な意思決定が、非公式な国会外部において閉鎖的、不透明な形で行われているということである。その背景には、国会（与党幹部、族議員を始めとする政治家）は「政」、内閣（大臣）と官僚は「官」

との認識の下に、内閣の弱体性を前提に、政党、政治家という「政」が「官」を取り仕切る官僚に統制を加えるという、本来の議院内閣制の理解とは異なった暗黙の構図がある。

　このことに関連して、丸山眞男は、我が国の政治的思考様式の原型について、「あえて単純化すれば、正統性のレヴェルと決定のレヴェルとの分離（筆者注：権威と権力の所在の不一致）という基本パターンから、一方では実権の下降化傾向、他方では実権の身内化傾向が派生的なパターンとして生まれ、それが、律令制の変質過程にも幕府政治の変質過程にも、くりかえし幾重にも再生産される、といういわば自然的な傾向性があり、それが日本政治の執拗低音をなしている…」、「これは病理現象としては決定の無責任体制となり、よくいえば典型的な『独裁』体制の成立を困難にする…」と述べている(10)。そして、「決断主体（責任の帰属）を明確化することを避け、『もちつもたれつ』の曖昧な行為連関（神輿担ぎに象徴される！）を好む行動様式」となることを指摘している(11)。

(3) 国会機能の未措定

　上記③については、我が国の国会は、自らが立法することよりも、内閣提出法案の修正や成立阻止、政府・与党の疑惑・腐敗の糾弾にその主な任務を見出している現状にあるということである。

　このことは、国会の機能をどこに見出すかの根本的な問題につながり、議院内閣制下にある我が国の国会について、国会の立法機能を強化して、国会自ら立法を行う「変換議会」（アメリカが典型例）

---

(10)　丸山眞男「政事の構造—政治意識の執拗低音」同『丸山眞男集　第十二巻』（岩波書店、1996年）236、238頁（初出1985年）。
(11)　同「日本の思想」同『日本の思想』（岩波書店、1961年）38頁（初出1957年）。

とするのか、あるいは、法案提出は主として内閣に委ね、国会では
与野党が争点を明示して討議を重ね、次期選挙での国民の支持獲得
を目指す「アリーナ議会」（イギリスが典型例）とするのかの議論と
なる。従来の伝統的な憲法学や野党政治家の間では、議会制民主主
義の復権を目指した変換議会志向が強く、行政国家化の趨勢が避け
られない中で内閣主導の必要性を主張する近年の憲法学者や政治学
者の間では、強い内閣を生み出すアリーナ議会志向が強い。変換議
会・アリーナ議会については、第 6 章第 3 節(2)で再論する。

　これら課題の解決に向けては、上記①はあるべき政治家と官僚の
関係（政官関係）について、上記②はあるべき内閣と与党の関係に
ついて、上記③はあるべき内閣と国会の関係について、それぞれ丁
寧な考察を重ねていくことが求められ、それは我が国における議院
内閣制のあり方を巡る統治機構論そのものの考察に他ならない。そ
れを統治機構論のロジックに置き換えると、①について官僚主導か
らの脱皮は当然として、まず③について国会と内閣の位置づけ・役
割の措定を行い、①における内閣主導を正当化した上で、②につい
て内閣と与党の一元化を図り、政治責任の所在を明確にするといっ
た流れとなろう。
　一方、現実を見ると、1990 年代以降、(i) 選挙制度では、小選挙
区比例代表並立制、政党交付金の導入、(ii) 内閣制度では、内閣府
や内閣人事局の設置、副大臣・政務官制度の創設など内閣機能の強
化、(iii) 行政改革では、中央省庁等の再編、情報公開法の制定など、
大きな取組がなされてきたが、(iv) 国会については、党首討論の開
始、政府委員制度の廃止といったものにとどまり、事前の与党審査
や日程闘争に傾きがちな国会運営については旧態依然とした状況が
続いており、国会の制度や運営、政党の組織や運営といった政治サ

イドの改革は未だ進んでいない。

⑷ コンセンサスとリーダーシップ

　これらの考察に一貫して通底するのは、政治におけるリーダーシップのあり方をどう考えるかという問題である。そして、これは、立法過程の各段階で執拗低音のように現れるボトムアップ型のコンセンサス形成をどう考えるのかという問題と、まさに軌を一にする。

　単純化して言えば、我が国の統治構造を、国会におけるコンセンサス形成か、内閣によるリーダーシップ行使か、そのいずれに軸足を置いて捉えるのかということである。

　本書の問題意識は、我が国の政治的決定におけるコンセンサスの過度の重視とリーダーシップの封印が、日本の政治を、改革先送りあるいは玉虫色決着の政治に陥らせており、内政・外交を通して国家のグランドデザインを描けないままに、展望なきその場しのぎの対応ばかりを積み重ねて、国の将来を危ぶまざるをえない事態に陥っているのではないか、ということに存している。

◆ 第5章 ◆
「分配の政治」、先送りの政治から
政策本位の政治、決断の政治へ

◆ 第1節　「分配の政治」、先送りの政治（＝与党・族議員主導）

(1) 先送りされる改革

　誰の目から見ても急務なはずの社会保障制度改革（負担の増加、給付の縮小・重点化を通じた社会保障制度の持続性確保）は、目指すべき全体像を描けないままに、進捗は遅々としている。例えば、介護保険における高齢者等の利用者自己負担が1割のままで現役世代に依存し続けるような制度運営がどこまで可能なのか、1億円を超えるような高額な薬剤が登場する中で医療費はどこまで膨張していくのか、福祉従事者の処遇水準が低いままで量・質ともに安定した福祉サービス提供が出来るのかといったこと等に鑑みると、現行の社会保障制度は今後も持続可能なのだろうか。そして、社会保障を持続可能なものとするための財源論、すなわち国民の負担のあり方について、消費税率アップの局面以外では、正面から問われることはなく、その場しのぎの弥縫策に終始してきてはいないだろうか。

　改革先送りの背景には、①リーダーシップの欠如による利益団体の拒否権発動とともに、②国際的に見て、我が国では、国民の政治や行政に対する信頼が低く、政治参加にも積極的でないこと（当事者意識、主権者意識の乏しさ）、③第2章第1節(1)で論じたように、現行の社会保障制度が高齢者に傾斜した給付構造となっていることから、現役世代にとって負担に見合った給付（恩恵）が自らに還元

されているとは感じられないこと等が挙げられよう。

　①については、利用者自己負担増による利用者によるサービス利用の手控えや保険給付の範囲縮小、診療報酬・介護報酬の引き下げによって生じるサービス市場の縮小や事業収入の減少に対して、診療報酬・介護報酬を収入源として事業運営を行っている医療関係者や福祉関係者等のサービス事業者が抵抗し、利益団体化している業界団体を通じ、与党政治家に働きかけ、改革の見直しを迫るという絵柄となる（特に福祉分野については、福祉従事者の処遇水準がそもそも低い現実が、抵抗に拍車をかける）。

　②については、例えば、世界価値観調査に基づき、日本人は、政治不信でありながら、不信だからこそ政府や統治に能動的に関与しようというような、市民のエンパワーメントの意識が弱く、政治参加に積極的でないことが挙げられ、日本人は国が万能であることを要求しつつ、傍観者的なままの批判的市民に留まっているとの指摘がなされている[1]。

　③については、前章第2節(3)で述べたように、そもそも「給付は厚く、負担は軽く」が国民の本音であるとともに、高齢者を始めとする国民は弱者の立場にあるという国民感覚（庶民感覚）が底流にあり、それにマスコミの論調が拍車をかけて顕在化させるという流れとなる。

(2)　「分配の政治」を通じた既得権擁護

　コンセンサス形成を逃げ道とした（全会一致ルールを盾にした部分利益擁護論者による拒否権発動）、リーダーシップが欠如した政治の中で醸成された政治なるもののイメージが、「分配の政治」である。

(1)　池田謙一編著『日本人の考え方 世界の人の考え方　世界価値観調査から見えるもの』（勁草書房、2016年）301頁〔池田執筆〕。

「分配の政治」とは、政治家が国から公共事業や補助金等を獲得して地元や業界の面倒を見る一方で、地元や業界の有権者は、その見返りとして選挙時の票や政治資金を提供する仕組を指す（京極純一曰く、「議会政治家の窓口を、利益を追求する多くの人々が共通に利用することとなった。『地元の面倒』をみる『親心の政治』の定着であり、圧力政治を細分化し、国民化し、日常化した『分配の政治』の定着である」(2)）。これにより、不公平、非効率、不透明な既得権益が生まれ、その維持拡張あるいは縮小剥奪を巡っての闘争がまさに政治であるという認識となる。

　京極によると、分配の政治は、明治の文明開化以降、また戦後の高度経済成長による、富と文明生活の地域格差、階層格差を、政治的な再分配によって補正（均霑）するものであり、それは豊かな社会を実現するとともに、国民間の生活水準の格差を埋めることで均質な国民を生み出し、国民統合を保証した。そして、政治の安定化をもたらし、経済の成長を可能にした。しかし一方で、金権・利権政治の出現や地方偏重に伴う大都市とその文明の放置、内政偏重に伴う外国交際の困難という弊害ももたらした。こうした分配の政治の実現を可能にした条件としては、①支配する側（政治家）の親心と支配される側（有権者）の甘えという日本の伝統的な共同体秩序意識、②分配の権限が集中している高度な中央集権体制、③分配の原資を調達する高度経済成長が挙げられる(3)。そこでのリーダーシップスタイルは、伝統に守られ、平和な、閉じたムラに適合した、コンセンサスの形成を時間をかけて待つ、ボトムアップ型意思決定における調整型の「『待ちの政治』における『和のリーダー』」であ

---

(2)　京極純一『日本の政治』（東京大学出版会、1983年）205頁。
(3)　同書243頁、同『日本人と政治』（東京大学出版会、1986年）114、203頁。

る⁽⁴⁾。こうしたリーダー像については、具体的な政治家を挙げながら、次節で扱う。

◆ 第2節　「分配の政治」、先送りの政治を生み出す政治制度

(1) 自民党長期政権を支えた二大基盤たる中選挙区制と与党審査
a. 包摂政党たる自民党

　自民党の長期政権保持の中で生み出された「分配の政治」の背景には、多様な利益団体を自らの支持団体に編入することに努めてきたことが挙げられ、それによって票田と政治資金を確保してきた。そして、中小企業、自営業、農業への保護政策が社会民主主義的な性格を備えることで、社会民主主義政党が代表すべき社会基盤も自民党が押さえて、幅広い利益を包摂する包括政党としての性格を強めることとなり、また自らの政策形成能力も高めてきた。

b. 自民党の権力基盤

　そうした自民党の権力獲得の基盤となったのは、中選挙区制（政権獲得、すなわち国会における過半数確保のためには、一選挙区で自民党から複数の当選者が求められる。このことが、族議員とともに、派閥を生み出す要因となる）であり、権力行使の基盤となったのは、与党審査（省庁編成に対応した政務調査会部会がその中心で、族議員を生み出す。また、党運営を巡っては、派閥間の権力闘争が繰り広げられる）である。

　なお、この基盤を打破したのが、若くして自民党幹事長になり（47歳）、その後自民党を飛び出して、二度にわたって政権交代の立

---

(4)　同『日本人と政治』30頁、同『日本の政治』205頁。

役者となった小沢一郎であり、後程詳述する。

　中選挙区制下では、一選挙区で自民党から複数の当選者が求められることから、競合する自民党公認の候補者は、(i)票を集める地域の棲み分けを図るか、選挙区の多様な利益の代弁を政策分野毎に棲み分け、当該分野の政策に精通するかということになり（族議員）、また、(ii)選挙を戦うための党公認資格と政治資金の調達や、内閣や党における役職を斡旋・仲介してもらうため、それぞれ総理・総裁を目指すリーダー（領袖）をトップとして党内に分立している異なるグループに属し、面倒を見てもらうことになる。その対価として、議員は党総裁選においてそれぞれが担ぐリーダーへの忠誠を尽くすことになる（派閥）。

　そして、こうした族議員や派閥の存在は、党執行部の勢力を削ぎ、党の拡散的・遠心的構造をもたらすこととなる。

(2) 族議員と派閥
a. 族 議 員

　族議員とは、特定の利益団体の利益や特定の省庁の縄張り利益の代弁、擁護、拡張、調整を行って、政策決定に影響を及ぼし、見返りとして当選に必要な票（フダ）と政治資金（カネ）を得る議員のことである。彼ら（彼女ら）は、立法過程だけでなく、補助金等の交付、公共事業の箇所付け、許認可などの行政執行過程へも日常的に影響力を行使している。

　そして、官僚から見た族議員は、自省庁の政策に異議を唱え、修正を働きかける「干渉者」と、自省庁の政策の実現や権益の擁護について党や国会での合意を形成してくれる「支援者」というアンビバレントな存在となる。

b. 派　閥

　自民党は、或る意味、派閥の連合体であるとも言え、長期にわた
る自民党政権も、その内部で、派閥間の権力闘争による疑似政権交
代（総理・総裁の交代）が行われてきたと評される（派閥を巡る変遷
については、第1章第5節(1)、本章次節(2)を参照）。

(3) 選挙制度改革による影響

　1996年の衆院選から、中選挙区制に代わり小選挙区比例代表並
立制が導入され、政党本位の政権選択選挙（政策プログラムと首相
候補を選ぶ）となったが、そのことで自民党の権力基盤はどのよう
に変容したのか。

　まず、与党審査については、政権の性格により、政高党低（政府
が主導権を握っている）か党高政低（党の政府に対する影響力が強い）
かの濃淡はあるものの、与党審査自体はしっかり行われている。

　次に、族議員については、選挙区の面倒をすべて一人の議員が見
なくてはいけなくなり、専門性に係る濃厚さは少しは薄れた観があ
るものの、議員個人の使命感や興味関心から、特定の政策分野に精
通し、影響力を発揮する議員はまだ多く存在している。

　最後に、派閥については、政党交付金制度の創設、政治資金規正
法の強化や派閥領袖の資金調達能力の低下等とも相俟って、かつて
の領袖を核に結集した権力闘争のための個人的結合体としての性格
が弱まり、所属議員全員の利益増進のための制度化された組織と
なってきており、総裁選において合従連衡するグループ単位として
機能はしているものの、その弱体化傾向は否めない。もっとも、政
治資金に係る事案が発覚するたび、派閥の解消が唱えられてきたが、
集団内集団の発生は人間集団の性（さが）である以上、常であり、
消えることはない。

なお、冒頭に記した政党本位の選挙については、衆院選ではそうした志向が強まったものの、参議院選挙（中選挙区、比例区が含まれる）や首長選挙、地方議会選挙（中選挙区、大選挙区が含まれる）は候補者（部分利益）本位の性格が強くなっており、複数の選挙制度の整合性をどう考えるかといった課題が残されている。

◆ 第 3 節　「分配の政治」、先送りの政治を生み出す政治風土

(1) 和 魂 洋 才

「分配の政治」を唱えた京極純一の政治学を貫く問題意識は、個人本位の西洋の民主主義制度が、民俗信仰と在来文化を基礎とする集団本位の日本人の意識、生活の中で如何に運用されているかという、和魂洋才の二重生活の解明にある[5]。

・堅気の生活者は民主主義を「みんなで仲よく」という秩序原理と理解し、秩序意識の伝統の中に組み入れた。「みんなで仲よく」とは「内側の秩序」の秩序原理であり、集団一体（勤め先集合体の正統性の承認）、全員参加（参加の民主主義）、全員一致（採決の回避と全員の拒否権の承認）、全員均霑（分配の政治）を意味する。
・この世間常識の中で具体化された民主主義の運用は、洋式政論としての民主主義が指令する内容である、個性の奨励と自由の保障、人権の確保と平等の尊重、国民自治と国民連帯の推進とは必ずしも一致しなかった。

---

(5)　京極・前掲注(2)281 頁。

　なお、丸山真男や京極純一の政治学は、今日我が国における政治学の主流となっている計量分析による仮説検証型の政治学の嚆矢となった 1980 年代以降のいわゆるレヴァイアサングループからは、日本の後進性を強調し、その近代化の必要性を説く実践的関心が強いとともに、科学的、実証的分析といった方法論的自覚に乏しく、日本政治を丸ごと評論的、印象主義的に解釈するものとして厳しい批判を受けたものである。ただ、実証的な計量分析を通じて科学としての政治学を追い求める意義は十分に理解できるものの、時に価値判断を回避し、一種のゲーム観察をしているだけに映る断片的、局所的な研究成果に接すると、どことない座り心地の悪さとともに、義憤に名指した大きな政治学登場への期待を、門外漢たる筆者は抱いている。

(2) 典型としてのボトムアップによるコンセンサス形成

　第 1 節(2)で述べたように、我が国での「分配の政治」におけるリーダーシップは、ボトムアップでコンセンサスの形成を時間をかけて待つ調整型のリーダーシップ（京極曰く、伝統に守られ、平和な、閉じられたムラでの「待ちの政治」における「和のリーダー」）であった。

　ここでは、これまでに現れた主要な政治リーダーに当て嵌めながら、我が国の政治における典型的なリーダー像を本項で、例外的なリーダー像を次項で、それぞれ概観することとする。

a. 自民党派閥の系譜

　ここで扱う自民党の派閥の系譜としては、リーダーシップ重視で、国家志向の強い岸信介－福田赳夫－小泉純一郎－安倍晋三と繋がるもの（現・清和会）と、泥をかぶることを厭わず関係者間を調整するコンセンサス重視で、官僚と結びバランスを考えた利益分配志向

の強い田中角栄－竹下登に繋がるもの（現・平成研究会）がある。
下記の竹下登政権は、読売新聞政治部長等を経験した老川祥一によ
ると、自民党による分配の政治の完成であり、そこから崩壊に向
かって下降していく分岐点であったとともに、派閥の親分自身が自
前で権力闘争を経て勝ち取った最後の内閣でもあったとする[6]。

b. 竹 下 　登

その竹下登であるが、彼は我が国に典型的な「和のリーダー」の
代表ではなかろうか。

久米郁男は、竹下について、根回しと調和を重視する政治スタイ
ルと内に秘めた強固な統治責任意識の相克という視点から、次のよ
うに述べている[7]。

・竹下の政治手法は調整と忍耐である。トップダウンで自分が先
　頭に立って政治理念を実現していくのではなく、下からの積み
　上げを大切にし、無理をせずコンセンサスを形成していくのが
　竹下流である。…竹下は、対立を回避し、時間をかけて相手に
　気を配り妥協をはかり、六分の勝利を最善としてきた。更に、
　…「汗は自分でかきましょう。手柄は人にあげましょう」とい
　うスタイルで、味方に付くべき人の人心を掌握してきた…。こ
　のような手法は、竹下の元々の性格に根ざすものであるが、佐
　藤内閣時代に国会対策を通して野党議員とつきあい、また官僚
　との調整をこなす中で完成されていったものであった。
・地べたを這うような現実主義にのっとる志の低い政治と揶揄さ

---

(6)　老川祥一『政治家の胸中』（藤原書店、2012 年）262 頁。
(7)　久米郁男「竹下登―保守党政治完成者の不幸」渡邉昭夫編『戦後日本
　の宰相たち』（中央公論新社、2001 年）450 頁（初出 1995 年）。

れるゆえんがここにある。しかし、果たしてこの評価は正当な
ものであろうか。…竹下は首相就任直後から愚直なまでに消費
税導入へ向けての動きを開始していったのである。竹下首相は、
政治理念のないリーダーという一般のイメージと異なり、実は
自ら信じるところを頑固に追い求める芯の強さを持っていた。
それを我々はある種の統治責任の意識と呼んでよいように思う。

また、後藤田正晴は、竹下について次のように語っている[8]。

　あの方の特色は、非常に辛抱強いという性格ですね。そして細
かな気配りをして、仕事の本丸を落とすためには、周辺の堀から
だんだん埋め立てていって、そして本丸攻撃で落とすという政治
手法ですから、なんと言いますか、あまり派手さはないんですね。
しかし、いったんここぞと方針を決めると、必ずそれは大変な気
配りと周到な準備で、案外敵を作らないままに、物事をなしたと
いう大変な才能があります。私も長いおつき合いで大変世話に
なったんですが、絶対真似ができないなということがあるんです
よ。それは、いかなる場合といえども、怒った姿、顔つきという
のを見たことがない。どんな嫌なことを言われてもじっと聞いて
いる。それを必ずあとになって活かしていく。それだけ大変な、
政治家に必要な特質を備えた人だなと思いますね。
　他方、理路整然として、文字通り正面突破の理屈で押していく、
それで世論操作をやる、しかしやりだしたら足下から反対が出て
大変苦労するのは中曽根康弘さんだ。この人は見識で押している

(8)　後藤田正晴　御厨貴・監修『情と理　下―カミソリ後藤田回顧録』（講談
　　社、2006 年）19、262 頁（初出 1998 年）。

わけですよ。見識を持って、それに裏打ちされた論理的な行動ですね。竹下さんとは正反対です。だがなかなか仕事は進みにくい。相手がやっつけられたと思うからね。それは抵抗しますよ。竹下さんには、やっつけられたという思いをしないうちにやっつけられちゃうから（笑）。そういう印象ですよ。

c. 田中角栄

この竹下の前後に、当時の自民党の最大派閥として権勢を誇った田中派の政治家であり、類稀なる個性で一時代を画した者として、田中角栄と小沢一郎が挙げられる。彼らは、ボトムアップ型の竹下とは異なり、トップダウン型に当てはまるリーダーと言えるが（特に小沢一郎）、ここで紹介しておきたい。

田中角栄について語る書は巷間多数あるが、その中で、新川敏光は、田中はイデオロギー対立などというものを真に受けず、価値観の対立を利益の対立に、質的問題を量的問題へと転化し、「足して二で割る」（調整する）といった換算を、党内調整や国会対策、さらには外交レベルにおいても用いた経験主義者であり、田中政治の本質は、友敵関係を徹底する排除の政治ではなく、全てを包み込もうとする包摂の政治（同心円の政治）にあったと述べている[9]。

田中による、人情の機微に通じ傑出した人心掌握を物語る語録を、幾つか紹介してみたい[10]。

---

(9)　新川敏光『田中角栄―同心円でいこう―』（ミネルヴァ書房、2018 年）103、246 頁。

(10)　産経新聞 2013 年 11 月 29 日朝刊「角栄の流儀―田中元首相没後 20 年」ほか。

・戸別訪問３万軒、辻説法５万回やりなさい。汗を流して人様の
　心を頂戴しろ。

・集会では、「私なんか手を握ってもらえない」と思っている
　隅っこのおばあちゃんとだけ握手しろ。

・祝い事には遅れてもいい。ただし葬式には真っ先に駆け付けろ。
　本当に人が悲しんでいる時に寄り添ってやることが大事だ。初
　七日にも花を出せ。葬儀は慌ただしくて親族は悲しさがわから
　ない。みんながいなくなって「ああお父ちゃんが死んだんだ」
　と悲しさを実感する。花はその時に出すんだ。

・（田中のライバルであった福田派議員として同じ時代を過ごした参
　議院自民党の元幹事長の村上正邦氏の回顧）結局、初選挙は落選
　した。ショックを受けて翌朝に家に帰ったら、「田中総理から
　電話があった」と女房がいう。角栄総理は女房に「お前のオヤ
　ジは『自分の力で』っていうから、俺もその言葉を信じた。お
　前のオヤジというのはそういうオヤジだから、俺のところに来
　いといったって来やせん。だから困ったことがあったら、奥さ
　ん、あんたが来なさい」とまでいってくれたそうだ。女房は感
　激して泣いてたよ。今でも忘れられないひと言だ。

　こうした民衆の感情を汲み取った利益還元政治により、政治権力
の階段を駆け上がり、そして転落した田中の生涯を、戦後日本の混
乱と活気に満ちた風景に重ねて重厚に描いた評伝として、朝日新聞
政治部記者で、田中の番記者でもあった早野透による『田中角栄
戦後日本の悲しき自画像』（中央公論新社、2012年）がある。

d．小沢一郎
　小沢一郎については、若くして自民党幹事長になったものの、竹

下派内の権力闘争に敗れて自民党を飛び出した後、自民党を政権から引きずり下ろした細川非自民連立政権（1993年）及び民主党政権（2009年）の双方において、その誕生の立役者となった。ただ、それら政権の瓦解の引き金を引いたのも、また小沢自身であるところに、彼自身が諸刃の剣であることを示している。

　小沢の政治姿勢は、（i）トップダウン型のリーダーシップであり、政権交代時に自民党政治を支えた二大基盤ともいえる中選挙区制と与党審査制を打破したことなど、脱自民を目指すものである一方で、（ii）政策より政局重視、密室での意思決定、不透明な政治資金、「分配の政治」の実践など、旧来の自民党的体質も濃厚に漂わせるという、アンビバレントな側面を有している。その背景としては、その政治的エネルギーがかつては実力者として君臨しながらも権力闘争に敗れて脱党せざるを得なかった自民党への怨念に根差したものであることの他、時代環境が大きく変容する前後を通じた政治家であること、そもそも権力というもの自体がアンビバレントな要素（例えば創造と破壊）を有しているといったこと等が挙げられよう。

(3) 例外としてのトップダウン型リーダーシップ

　我が国に典型的なボトムアップ型のリーダーシップスタイルとは異なり、我が国に珍しいトップダウン型の総理主導、官邸主導のリーダーシップを発揮した政権運営を行ったのは、上記(2) a. で述べた清和会の流れを汲む小泉純一郎政権、第2次安倍晋三政権である。

a. 小泉純一郎

　小泉政権については、（i）内閣機能の強化策（経済財政諮問会議の積極活用）、小選挙区制の効果（郵政選挙において、郵政民営化に反対

する議員に自民党公認を与えず、当該選挙区に自民党公認の「刺客」を
送り込む）をフルに活用するとともに、(ii)派閥の推薦を受けない党
三役、閣僚の一本釣りによって政権基盤の求心性を確保し（「この
役職に就くことができたのは誰のおかげなのか」を明確にするという人
事権の最も効果的な使い方）、(iii)自民党内の族議員を「抵抗勢力」と
称した対決構図の演出を図り、わかりやすく直截な言葉を携えての
メディア露出を通じて形成される世論の支持（無党派層の取り込み）
をバックにして、政府・与党二元体制を打破する総理主導の政治を
展開することで、我が国の政治構造、意思決定スタイルの転換を
迫った政権として、重要な意義を有している。

　なお、全会一致志向の自民党において、例外的な存在が総裁選挙
である。往々にして水面下の話し合いで候補が一本化されることが
あるものの、多数決により総裁が選出される。党内でも意見が分か
れるような争点について、そこで決着が付けられることは、リー
ダーシップ発揮の素地となり、その典型例が小泉政権であったと言
えよう(11)。

b. 安倍晋三

　安倍政権（第2次）については、(i)解散権の駆使による政権の
見た目のリニューアル（更新）とともに、(ii)内閣人事局を通じた
官僚人事への積極的関与、さらには、従来、首相が介入できなかっ
た（介入を自制していた）独立性の高い機関（日本銀行、内閣法制局、
宮内庁、自民党税制調査会、検察庁、最高裁）への人事介入、そして、
(iii)その威を借りた官邸官僚による省庁業務への直接指示・介入を

---

(11)　黒澤良「郵政民営化法案―何が異例であったのか」奥健太郎・黒澤良
　　編著『官邸主導と自民党政治　小泉政権の史的検証』（吉田書店、2022年）
　　333頁。

通じ、官邸主導の政治を展開した。安倍政権（第 2 次）については、改めて次章第 4 節(1)において詳述する。

◆ 第 4 節　部分と全体

(1) 部分利益と全体調和

　ボトムアップによる調整型のリーダーシップは、内政面では欧米へのキャッチアップ型経済発展、外交面では冷戦構造を前提とした日米安全保障体制の堅持という明確な国家目標が存し、特段の政治的リーダーシップの発揮は必要ではないという状況と、高度経済成長によって分配するパイの大きさ自体が拡大する中、部分利益の積み上げによる国民各層への利益均霑が全体の予定調和をもたらしえたといった環境の下で、求められ、また、成り立っていたと言える。

　しかし、今日、少子高齢化と経済の低成長、冷戦構造の崩壊と急速なグローバリゼーション、国民の価値観やライフスタイルの多様化など、時代環境が大きく変化して、部分利益の積み上げが全体の予定調和をもたらしえなくなっている。それどころか、負担の分かち合い（痛み分け）こそが喫緊に迫られている。そうした中で、求められ、また、成り立ちうるリーダーシップのスタイルも変容せざるを得ない。

　そもそも、公開の場での一般利益の主張、擁護がリベラルな議会制民主主義の特長であるとして、長谷部恭男は次のように述べている(12)。

　　公開の審議と決定のプロセスが一般的公益に対する譲歩を個別の特殊利益に対して迫る点に、つまり、一般的公益を掲げた以上、

---

(12)　長谷部恭男『憲法とは何か』（岩波書店、2006 年）54 頁。

それに対して偽善的に振る舞うよう強いる点に、この政治体制の特長がある。観衆の存在を意識せざるをえないこうしたプロセスが多様な利害を整序し、長期的にみれば、社会一般の利益にかなう立法をより多く実現することにつながる。

(2)　「今＝ここ」

こうした部分利益の維持・拡張に終始する「分配の政治」、先送りの政治は、「今＝ここ」という日本文化の基本的な特徴に合致しているとの見方も出来る。

評論家の加藤周一は、日本では、全体に対して部分を重視する傾向があり、「全体から部分へ」ではなく「部分から全体へ」という思考過程の方向性があるとするとともに、競争的集団主義、世界観の此岸性と超越的価値の不在、その時間の軸への投影としての現在主義といった日本社会または文化の特徴が、相互に関連していると述べている[13]。

加藤はさらに次のように論じている[14]。

日本語の語順が、修飾句を名刺のまえにおき、動詞（とその否定の語）を最後におくということ。すなわち日本語の文は部分からはじまって、全体に及ぶので、その逆ではない。そういう構造は、大きくみて、中国語や西洋語と正反対であり、しかもたとえば中国大陸の影響を脱して作られた日本の大建築の構造にも反映しているのである。徳川時代初期の大名屋敷の平面図は、あきらかに、大きな空間を小空間に分割したものではなく、部屋をつないでゆくうちに

---

(13)　加藤周一『日本文化における時間と空間』（岩波書店、2007年）11頁、同「日本社会・文化の基本的特徴」加藤周一・木下順二・丸山真男・武田晴子『日本文化のかくれた形』（岩波書店、2004年）43頁（初出1984年）。
(14)　同『日本文学史序説　上』（筑摩書房、1999年）20頁（初出1975年）。

自ら全体ができあがったとしか考えられないものである。その状あたかも建増しの繰返しのようにみえる。日本の建築家は、中国や西洋の建築家とは逆に、部分から出発して全体に到ろうとしたので、語順の特徴は、空間への日本式接近法にもあらわれている、といえるだろう。またたとえば丸山真男氏も指摘したように、日本の神話にあらわれた時間は、始めもなく終りもないものである。そこでは現在が、始めあり終りある歴史的な時間の全体構造のなかに、位置づけられるのではなく、現在（部分）のかぎりない継起が、自ら時間の全体となる。歴史的時間の全体の構造というものはない。しかもそういう時間の表象は、決して神話のなかにのみ現れたのではなく、その後の時代を一貫して根本的には変らなかった。すなわち時間に対する日本式接近法も、全体から部分へではなく、部分から全体への方向をとったということができる。比喩的にいえば、日本語の語順は、日本文化の語順にほかならない。

　中長期的展望に立った整合性ある全体像（グランドデザイン）を措定した上で、段階的に実現を図っていくという思考形態は、どうも日本人にとって不得手な観がある。各種の制度改革への姿勢も同様であり、とりあえず出来そうなことを選び、その場その場の妥協を重ねながら、継ぎ接ぎ模様の改革を行うといった光景が、この国では日常化している。

◆ **第5節　政策本位の政治、決断の政治（＝内閣主導）**

(1) 「分配の政治」、先送りの政治との訣別
　少子高齢化、経済低成長、冷戦構造の崩壊、グローバリゼーション、国民の価値観やライフスタイルの多様化等が進む中、戦後整備

されてきた多くの制度が、こうした時代の大きな変化に対応できず、制度疲労が進み、制度破綻の可能性すら高まる中で、「分配の政治」、先送りの政治と訣別し、政策本位の政治、決断の政治を実現していくことが求められている。

　一方で、1990年から2012年まで8回の総選挙における主要候補の選挙公約を分析すると、徐々にそのウェイトが小さくなっているとはいえ、常に地元利益志向が主要な軸のトップ3に入っており（他の主要な軸としては、税金、安保、教育など）(15)、また国民の意識においても、明るい選挙推進協会による衆議院議員選挙時の意識調査によると、地元・業界の利益を重くみて投票している者の割合は、長期的に徐々に低下し、近年では3割を切ってはいるものの、自民党に投票した者については、より高い割合となっていて、「分配の政治」観がまだ根強いことが窺える。

(2)　内閣主導の確立

　従来のボトムアップによる調整型の「和のリーダー」で、激動と混迷の時代を、果たして切り拓いていけるのかということが、本書で繰り返し述べている基本的な問題意識である。筆者は、熟議を重ねるコンセンサス獲得型の民主主義の実現を目指すべきであるとする従来の憲法学、政治学における議会制民主主義論、権力分立論について、その重要性や説得力を決して軽視するものではないが、これまで通りのその単なる延長線上で、我が国の閉塞状況を打破することが果たして出来るのかという危機感を有している。

　そのためには、制度論として、国民に支持された明確な国家のグ

---

(15)　品田裕「1990年以降の総選挙における選挙公約」選挙研究34巻2号（2018年）16頁。

ランドデザインとリーダーを擁する政党が与党となり、豊かな知識と経験を有する政治家によって内閣が構成され、この「政」たる内閣がリーダーシップを発揮して、官僚を適切に指導監督しつつ、グランドデザインの実現に向けた政策を一歩一歩着実に進めていくという内閣主導が、官僚主導から転換した政治主導のあるべき姿として確立される必要がある。

こうしたリーダーシップ発揮のための環境は、細川（護熙）非自民連立政権による小選挙区制導入（1994年の公職選挙法改正）と橋本（龍太郎）行革による内閣機能強化（1998年の中央省庁等改革基本法）により、残された課題はありつつも、制度的には整備されており、小泉政権と安倍政権（第2次）は、それらを積極的に活用して、反省・教訓も残しながら、リーダーシップを発揮した代表例である。

(3) 残された課題、浮かび上がった課題

もっとも、内閣主導によるリーダーシップの発揮に向けては、a. 参議院の役割を始めとした国会のあり方、b. 政党ガバナンスのあり方、c. 政策専門家の養成・確保、d. 権力行使に当たっての自制と他律といった課題も残されている。

a. については、議員の任期が6年と長く、首相の解散権行使の対象とならない参議院には、首相による牽制・統御が及ばず、内閣主導に対する実質的な拒否権を有している現状をどう考えるかということである。そして、利益団体が候補者を擁立して集票を競う参議院比例区の存在は、「分配の政治」の温床でもある。また、与党による事前審査や政府・与党対野党という対決構図下での日程闘争に傾きがちな国会運営のあり方を、そもそもどう考えるかという問題が残されている。

b. については、政党組織の凝集性、集権制、一体性の問題であ

り、議員のフォロワーシップと政党規律がどうなっているかということである。民主党が組織の体すら成さず、政権の崩壊につながったことは、記憶に新しいところである。

　c. については、適切な政治任用を通じて、これまでの官僚による政策形成の独占を排し、多様な主体による政策競争や政策過程の透明化によって、政策の質の向上を目指すものである。ただ、その際には、第3章第5節(2)でも触れたように、理想論だけではなく、政治プロセスの実態を踏まえた現実解を提案できる人材である必要がある。また、そもそも政治任用は、民主主義原理と行政の専門性・政治的中立性・継続性という原理を調整する仕組であり、まずは我が国におけるあるべき官僚像を措定した上で（①政治的中立性と政治的党派性の間での立ち位置面、②企画立案と利害調整の間での役割面、③「純粋培養のエリート」からの脱却という動機面のそれぞれにおいて、現在揺れ動いている官僚のアイデンティティー・クライシスの克服）、政治任用によって何をどのように補おうとするのかという基本に立ち返った議論が求められる。

　d. については、リーダーシップの発揮に当たり、それは剝き出しの権力ではなく、節度と責任を伴った権限の行使であるべきという権力側の自制が求められるとともに、政権交代の可能性への緊張感を醸成できる対抗勢力としての野党の存在が不可欠であることが指摘できる。このことは、第2次安倍政権時に浮かび上がった課題として、次章第4節(2)で詳述する。

◆第6章◆

リーダーシップの封印構造からの脱却

◆ 第1節　我が国政治におけるリーダーシップ所在の分散

(1) コンセンサス重視かリーダーシップ重視か

　これまで縷々論じてきたように、我が国の政治において問われているのは、①リーダーシップの行使を封印して、権力者による専横を恐れることなく、コンセンサス重視の「分配の政治」、先送りの政治を維持し続けるのか、②強いリーダーシップを発揮できる環境を整備し、専横を防ぐ抑制装置は設けつつも、国民が選挙を通じて選択した国家のグランドデザインの実現を目指す政策本位の政治、決断の政治への転換を図るのかの選択である。

　議院内閣制は、本来、安定した政権を生み出し、首相の強いリーダーシップ発揮を可能とする制度である。しかし、これまで見てきたような背景の下、我が国では強い内閣が生み出されることは稀であり、内閣の脆弱性ばかりが目に付く様相を呈してきた。内閣主導の実現を図るには、我が国に根強いリーダーシップの封印構造からの脱却が求められることになる。

(2) 現行制度に埋め込まれたリーダーシップ所在の分散性

　リーダーシップの行使を封印するため、現行制度では、権力、リーダーシップの所在を分散させ（随所に拒否権を付与）、遠心的な権力構造が採られている。

　具体的には、これまで見てきたように、①内閣における省庁割拠（縦割り）、②与党の有力政治家が、内閣の構成員にならずに、与党に残留するなどの政府・与党二元体制、③与党審査の存在、④内閣に国会の議事運営に関与する公式な手段を与えず、国会の自律権を過度に強調する三権分立の運用、⑤内閣を支える与党（自民党）における派閥の存在や議員個人の力量による集票といった政党規律の弱さ、⑥衆議院、参議院、首長、地方議会に係る選挙制度の相違、⑦閣議や国会の議事運営、与党（自民党）の意思決定における全会一致ルール、⑧頻繁な国政選挙、⑨党則に定められた党首任期の短さなどに、如実に現れているところである。

⑶　日本政治の伝統

　我が国では伝統的に、権力の所在を集中させずに分散させ、またそのチェックに力点を置いた抑制均衡の政治システムを設計してきており、伝統的な憲法学、政治学もそうした考え方を基本にしている。

　そして、その背景には、これまで論じてきた共同体秩序意識における和の重視（コンセンサス重視のボトムアップ型意思決定。その結果として、決定と責任の所在の不明確さ、そして、結論の先送りあるいは玉虫色の決着）といった我が国の政治風土に加え、戦前の歴史体験から生まれた権力への懐疑、警戒が存在している。

　三谷太一郎は、幕藩体制でも明治憲法体制（藩閥内閣、政党内閣いずれも）でも、分権的で多元的な国家のさまざまな機関の相互的抑制均衡のメカニズムが作動しており、日本の政治は遠心的であり、求心性が弱かったと指摘している[1]。

---

(1)　三谷太一郎『日本の近代とは何であったか―問題史的考察』（岩波書店、

また、佐々木毅も、権力の危険性を封じることによる自己満足型
の無邪気な政治の時代は終わったとして、次のように記している[2]。

　　極論すれば明治以来、日本の政治システムは権力作用の非集中
　性と割拠性をその大きな特徴としてきた面があり、抑制均衡のメ
　カニズムは実に入念に組み込まれてきた。…権力の危険性を完全
　になくしてしまえば権力は機能しなくなるか、事実上死んでしま
　うし、他方、権力の働きを積極的に容認して何事かを実現しよう
　とすれば、権力の濫用の危険は常に存在することになる。これは
　程度の差こそあれ『あれかこれか』の世界である。…自己満足型
　の無邪気な政治の時代が終わることは、冷戦の終焉以降の大きな
　時代の趨勢や日本の政治の抱える課題の変化と結びついている。
　それは政治の自己統治能力を内部的に減殺することによってほと
　んど何もできないようにしておけば全て安心であるという、政治
　についての見方からの転換を求めるものである。

⑷　全会一致志向の起源

　組織においてリーダーシップが行使されることを避け、各々に拒
否権を与えつつも、異論の顕在化は防ぎ、ボトムアップ型の全会一
致で物事を決するといった我が国に根強い意思決定方式の起源は、
どこに見い出されるのだろうか。
　日本経済史を専門とする武田晴人は、多くの日本人が経験してい
るように、実社会の多くの会議では、明示的な意思表示を伴って採
決することは少なく、あたかも全員の意思が一致したかのように

　2017 年）43、69、72 頁。
(2)　佐々木毅「首相公選制論と現代日本の政治」大石眞ほか編著『首相公
　　選を考える　その可能性と問題点』（中央公論新社、2002 年）16、25 頁。

「満場一致」で結論が出されたように記録されることが多いとし、民俗学の平山和彦の研究を紹介している[3]。

　平山は、日本の村落社会における村寄合での議決法について、たとえ全成員の意思が一致しなくても、後日にしこりを残さぬように全会一致・満場一致を装うルーズな全会一致制が、「共同体的社会」と深いかかわりをもつ伝統的な議決方法であり、その背景には、意思の相違を挙手というような形で具現化することは、「共同体的社会」にあっては「個」を衆目に晒す忌むべき事態であり、「個」を表出させることを厭う気風が根強く存在していることを指摘している[4]。

　また、同じく民俗学者の高取正男は、宮本常一の長崎県対馬での体験（村の寄合い）を踏まえ、論理の筋道による結論よりも、結論にいたるまでの出席者の参加という過程を重視する姿勢が、成員すべてに疎外感を抱かせずに共同体を維持していくための安全弁であるとして、次のように論じている[5]。

・灌漑・排水などの稲作に特有の生産環境をつくり、保全するためには、村落民の強固な団結と共同を、つねに必要としてきた。
・生まれた村のなかで家の家業を継ぎ、そこで生涯を送ってきた人たちが、せまい村のなかで毎日顔をつきあわせていても気まずい思いをしなくてすませるように採用していた上記のような会議の進めかたは、かつて近代以前の社会に存在した共同体のすべてを象徴しているといってよい。体験にことよせながら自

---

(3)　武田晴人『日本人の経済観念』（岩波書店、1999 年）142 頁。
(4)　平山和彦『伝承と慣習の論理』（吉川弘文館、1992 年）171 頁。
(5)　高取正男『日本的思考の原型　民俗学の視角』（筑摩書房、2021 年）57、151 頁（初出 1975 年）。

分の思うことを表明した寄合いの席では、村のいい伝え、むかしからのしきたりについて語りあうのも先例重視の懐古趣味ではなく、会議を先に進め、出席者の意志統一をはかるための重要な手段であった。結果として諸種の伝承がつねに村人の共有財産となり、久しく保持された原因にもなった。そして、論理の筋道だけで決着をつけることをひかえ、列座のもののすべてが自然に話題に参加するようにしむける。実際に発言するしないは別として、一座のものが共同でいくつかの議題をとりあげ、連想のおもむくまま世間話のように転がしてゆけば、話題がふくらむにつれ、すべてのものがそれに参加したという実感を抱くだろう。協議の結論よりも結論にいたるまでの過程を重視する姿勢がそこに貫かれ、それは村の成員すべてに疎外感を抱かせないためのゆきとどいた配慮である。

・人々の心がひとつのものに融けあいはじめた潮時をみはからい、長老たちが村の先例やむかしの体験を語り、それにことよせて最終の決断がなされる。長老とか指導者の腕前は、その潮時の掌握のしかたにかかっていたともいえる。

　共同体を維持する必要から生まれた生活の知恵であり、無意識のうちに保持されてきた独特の平衡感覚のあらわれとして、大切な安全弁であったと考えられる。

　また、近世での「全会一致」と近代における「多数決」の導入を巡り、日本近代史を専門とする伊故海貴則は次のように記している[6]。

---

(6)　伊故海貴則『明治維新と〈公議〉　議会・多数決・一致』（吉川弘文館、2023年）20、135、275、331頁。

・構成員一同の「全会一致」状態（村の構成員の一部に異論があったとしても、他の構成員や他の集団という「外部」に異論の存在が表出しない状態も含意）の構築が、近世村における一般的な合意形成のあり方であった。

・それが、明治期の地租改正により村請制が解体し、人々が土地所有者＝「個人」として相互承認され、村に代わって「個人」に租税負担義務が発生したことを契機に、①対立の潜在的可能性を秘めて存在する利害の異なる「個人」の存在を前提にした、議会や会議における「多数決」を通じた政策決定に対する帰服とともに、②村内の安定と「個人」の生活維持のために構成員相互で共同関係を再構築し、規約の遵守を通じた村の秩序維持に対する同調（〈一致〉）が要請される「村」＝近代社会が成立した。

・こうして「多数」が〈権力化〉した政治社会と、「多数決」での合意を規範としつつも、「個人」が秩序維持のために、村や国家の秩序への同調（〈一致〉）を強く要請される市民社会からなる日本近代社会が成立した。

　こうしたリーダーシップの封印構造は、歴史的に広く深く培われてきた日本的な組織原理、意思決定方式の凝縮そのものであり（リーダーシップを発揮しなくて済むようにコンセンサス形成に向けた環境を整えるのが、人の上に立つリーダーの持つべき能力であり、徳であるとの思想（次節で取り上げる「なる」の論理、「決める」のではなく「決まる」、「治める」のではなく「治まる」、「自ら（みずから）」ではなく「自ずから（おのずから）」））、これは容易に変化するものではない。

⑸ 日本政治史における例外とそこからの教訓

　日本政治の歴史の中での例外として、清水唯一朗は原敬を、北岡伸一は明治維新を挙げ、揃って「決める」ことの重要性を説いており、極めて示唆に富む。

　清水は、「決めること」を厭わなかった原ほど、「決めること」を避け「きれいごと」を好む「政治嫌い」の私たち日本人にとって、政治のあり方を考える適切な教材はないとして、次のように語っている[7]。

・原は努力をする者にはさまざまな機会を与えた。進歩的な考えを持つ者は積極的に用いる一方で、安易に政府に頼ろうとする者は味方であっても冷徹な態度で突き放した。…原の不人気は、国民からの評判に無頓着だった不器用さの現れであると同時に、人々の甘えそのものでもあったのだ。
・日本に政党政治をもたらした原の功績は大きく、研究者の評価は高い。しかし、一般の評価も、認知度も低い。そこに「政治を嫌う」日本人の国民性が表れているのではないか。「決めること」を避け「きれいごと」を好んできた私たちの積み重ねが見えるように感じられた。これまで評価されてきたのは原の政治的手腕や政治技術の高さであった。これが「政治を嫌う」日本人の国民性に受け容れられないのではないか。…原という「決めること」を厭わずに、批判と称賛を浴びてきた政治家の歩みから、「政治嫌い」の人を遠ざける原因になったように思えてならない。「決めること」を避けようとする私たちには、あまりにその政治性は強すぎる。…しかし、私たちはもはや

---

(7)　清水唯一朗『原　敬』(中央公論新社、2021 年) v、305 頁。

「政治嫌い」と言ってはいられない時代に生きている。…政治に生きた原ほど適切な教材はない。人々がどのように原と向き合ってきたのかを通じて、私たちと政治のあり方を考える。それが本書のテーマとなった。

　また、北岡は、明治維新は、日本が直面した最重要課題に政治が取り組み、ベストの人材を起用し、手続論や世論の支持は二の次にして、驚くべきスピードで決定と実行を進めた歴史であるとして、次のように語っている[8]。

・明治維新はたしかに民主化であった。しかし民主化の行き着くところは大衆化であった。優れたリーダーが多数の支持を受け、政党やその他の組織をリードしたこともあった。しかし、徐々に、多数をとることに優れたリーダーや、組織に利益をもたらすリーダーが、国政に対する見識や能力にかかわらず、政党やその他の組織を率いることになっていった。それが、日露戦争から昭和にかけて起こったことであった。
・このような政治の「制度化」は、戦後にも起こっている。…佐藤内閣のころから、党歴、政治家歴が何よりも重視される当選回数至上主義が台頭した。それが、党内の和をもっとも保ちやすい方法だからである。そのようなものとして、自民党政治は完成し、ダイナミズムを失っていった。
・明治維新以来の政治でもっとも驚くべきことは、日本が直面した最重要課題に政治が取り組み、ベストの人材を起用して、驚くべきスピードで決定と実行を進めていることである。現在の

---

(8)　北岡伸一『明治維新の意味』（新潮社、2020 年）327 頁。

　日本は、きわめて閉塞的な状況にある。そのために何をなすべきか、簡単な答えはない。ただ、重要な判断基準は、日本にとってもっとも重要な問題に、もっとも優れた人材が、意思と能力のある人の衆知を集めて、手続論や世論の支持は二の次にして、取り組んでいるかどうか、ということである。それを明治維新の歴史は教えてくれている。

　重ねて解説を加える必要はないだろう。いずれも滋味掬すべき歴史からの貴重な教訓である。

◆ 第 2 節　リーダーシップの封印を支える日本人の精神風土

　リーダーシップ封印の背景にあるものとして、これまで断片的に「同質社会」、「能力平等観」、「共同体秩序意識」、「和魂洋才」、「和の重視」、「今＝ここ」、「『自ら（みずから）』ではなく『自ずから（おのずから）』」などといった文言を挙げてきたが、我が国の精神風土についてさらに考察を進めてみたい。

(1)　「なる」の論理

　今から五十年以上も前に、篠原一は、国民の政治風土について、主体的な「する」の論理ではなく、状況に逆らわず予定調和を待つ「なる」の論理であるとして、次のように語っている(9)。

　・日本人の政治に対する態度を規定しているものとして、国民の

---

(9)　篠原一『日本の政治風土』（岩波書店、1968 年）34、207 頁（一部かなを漢字に直している）。

状況に対する姿勢の問題がある。日本人は現世主義であると同時に状況の見方がきわめて楽観主義的である。ここから（筆者注：ユダヤ人のように）人間の作為のバネになるような終末論は生れてこない。…彼ら（筆者注：ユダヤ人）は自然に対しても、また人為に対しても、「終末」を予期することによって、それから人間の営みの論理、いわば「する」の論理を導きだしてきた。日本の場合、すべてはより予定調和的である。…自然のみならず、人為に関しても、状況に逆らわないこと、それが進歩に連なるのだという素朴な信仰がある。これはえてして「果報は寝て待て」ということになるのであろう。

・日本の政治風土は、この社会に生きるものの上に、日常的に覆いかぶさっている。そして酔生夢死に甘んぜず、何らかの形でこの社会を改革しようと行動するものにとっては、政治風土は往々にしてしがらみとして感ぜられることが多い。さらに、これはしがらみとして意識されるだけではない。社会の一員として観察し、行為する人間自体の中に、支配的な政治風土がひそかにしのびこんでいることも決してまれではない。だから、われわれはわれわれを取り囲む政治的雰囲気をひとたびは突き放してみる癖をつける必要がある。

　この「なる」の論理は、丸山眞男が、「経験的な人間行動・社会関係を律する見えざる『道理の感覚』が拘束力を著しく喪失したとき、もともと歴史的相対主義の繁茂に有利なわれわれの土壌は、『なりゆき』の流動性と『つぎつぎ』の推移との底知れない泥沼に化するかもしれない」と評したことに通ずるものであろう[10]。

---

(10)　丸山眞男「歴史意識の『古層』」同『丸山眞男集　第十巻』（岩波書店、

　この「なる」と「する」の論理について、認知言語学を専門とする池上嘉彦は、日本語は〈スル〉ではなく〈ナル〉的な傾向の強い言語であり、人間言語の「原型」的な特徴をとどめているして、次のように論じている[11]。若干長くなるが、紹介する。

・仮説Ⅰ：言語外的な出来事が言語によって表現される場合、(1)その出来事に関与するある特定の個体に注目し、その個体を際立たせるような形で表現を構成する傾向、(2)その出来事を全体として捉え、そこに関与する個体があっても全体に含め、いわばそこに埋没させるような形で表現を構成する傾向、がある。英語は(1)の傾向が顕著な言語であり、日本語は(2)の傾向が強い。
・仮説Ⅱ：言語外的な出来事が言語によって表現される場合、(1)その出来事に関与して〈動作主〉として行動する〈人間〉に注目し、それを特に際立たせるような形で表現を構成する傾向、(2)その出来事を全体として捉え、そこに〈動作主〉として行動する〈人間〉が関与していてもなるべくそれを際立たせないような形で表現を構成する傾向、がある。英語は(1)の傾向が顕著な言語であり、日本語は(2)の傾向が強い。
・自然の中に置かれた初期の人間の姿を考えてみれば、それはおそらく自分を遥かに越えた大きな自然の力に左右される覚束ない存在であったであろうと想像される。そこにあるのは、自分より大きな力に順応することによって生きて行く人間の姿である。しかし、やがて人間が自らの力を自覚し、それを通じて自

1996 年）63 頁（初出 1972 年）。
(11)　池上嘉彦「表現構造の比較―〈スル〉的な言語と〈ナル〉的な言語―」國廣哲彌編『日英語比較講座　第 4 巻　発想と表現』（大修館書店、1982 年）72、107 頁。

然に働きかけ、自らの望むようにそれを変えて行こうとする段
階が来る。そこでは、人間は自らの力に基いて自主的に行動す
る姿をとって現れる。

・外界に対する人間のこの2つの行動様式は、人間生活のいろい
ろな面にも反映されているようにも思える。例えば、自然中心
の哲学に対する人間中心の哲学、全体主義に対する個人主義、
非分析的な受容に対する分析的な思考様式などという相関関係
の可能性がすぐ思い浮かぶ。言語の面においてもそれは、一方
では〈出来事全体〉を捉え、事の成り行きという観点から表現
しようとする言わば〈ナル〉的な言語と、出来事に関与する
〈個体〉、とりわけ〈動作主〉としての〈人間〉に注目し、それ
を際立たせるような形で表現しようとする言わば〈スル〉的な
言語という対立があるように思われる。

・この2つの類型は個々の言語においては、もちろんいろいろな
割合で混り合って現れるものであろう。本稿の目的は、英語は
〈スル〉的な傾向の強い言語、日本語は〈ナル〉的な傾向の強
い言語という観点から、2つの言語の間に認められる文法、語
法、およびそれらの慣用上のさまざまな対照的な違いがかなり
の程度に統一的に説明できるということを示してみるというこ
とであった。

更に、池上は次のようにも論じている(12)。

もともとあったのはすべてを〈状態の変化〉として捉える未分化

---

(12)　同『「する」と「なる」の言語学―言語と文化のタイポロジーへの試
　　論―』（大修館書店、1981年）291頁。

な見方であり、それが後に人間性の自覚を通じて場面とは対立する個体としての自己中心的な捉え方へと変って行ったのではないかということである。…その意味では〈なる〉的な性格の言語の方が、人間の言語の本来の自然な現れ方を示しているのではないかと思える。…そのような観点からすると、英語は（例えば同じゲルマン系のドイツ語などと較べてみても分かる通り）ある方向にもっとも極端な発達を示した言語と言える。（その意味では、英語は特殊な言語であるとすら言える。）英語との対比で言えば、日本語の方は人間言語の「原型」的な特徴をまだ多くとどめているように思える。

(2) 中空性と母性

　臨床心理学者の河合隼雄は、日本人全体としての心の深層構造について、何らかの原理が中心を占めるということはなく、それは中空のまわりを巡回していて、時にはどちらかがそうであるように見えても、次に適当なゆりもどしによってバランスが回復される中空均衡の構造であるとし、母性原理（すべてのものを平等に包含することで、個性ということを犠牲にしても、全体の平衡状態の維持に努力が払われる）に基づく対立するものの共存を許すモデルであると論じている。その上で、日本におけるリーダーシップは、世話役として全体のバランスを図ることにあるとして、次のように述べている(13)。

・日本の場合の長は、リーダーと言うよりはむしろ世話役と言うべきであり、自らの力に頼るのではなく、全体のバランスをはかることが大切であり、必ずしも力や権威を持つ必要がないの

---

(13)　河合隼雄「中空構造日本の深層」（中央公論新社、1999年）32、42、45、59、61、209頁（初出 1982年）。

である。日本にも時にリーダー型の長が現れるときがあるが、多くの場合、それは長続きせず、失脚することになる。日本においては、長はたとい力や能力を有するにしても、それに頼らず無為でいることが理想とされるのである。このような点は、日本の歴代の首相などを見ても、ある程度了解されることであろう。

・その中空性が文字どおりの虚、あるいは無として作用するときは、極めて危険であるという事実である。…最も近代的な組織の運営において、欧米諸国から見ればまったく不可解としか思えないような、統合性のない、誰が中心において責任を有しているのかが不明確な体制がとられていたのである。

(3) 主体性及び普遍的規範意識の希薄さ

こうした「なる」の論理、中空性は、民主主義国家の主権者たる国民一人一人が有すべき主体性や普遍的規範意識の希薄さにつながっていく。

「分配の政治」、先送りの政治と訣別した政策本位の政治、決断の政治を実現する民主主義の基礎には、市民社会の中で多様な民意を調整や妥協を通じて自律的に収斂させ、自らが当事者として決定する負担と責任を引き受けるという成熟した国民の存在（理想主義、虚無主義ではない現実主義（リアリズム））が求められるが、それとは異なり、日本人の主体性、普遍的規範意識の希薄さを指摘する論稿は、日本思想史、日本文学史、美術史、法制史、言語学、心理学、人類学、宗教学、社会学等の諸分野の重鎮から、長年にわたって繰り返し指摘されてきたところである[14]。

---

(14)　詳しくは、中島誠『立法学〔第4版〕—序論・立法過程論—』（法律

　例えば、文化人類学者の船曳建夫は、国家と国民の位相について、次のように論じている[15]。

　何かしてくれる国家についての国家論は盛んであり、そこに臣民意識も現れるが、国家主権といった国際政治における主体の問題としての国家とそれを動かす国民の議論ではない。国債、年金、道路といった、「生活環境のインフラ」としての国家に関心があるのだ。もちろんそうしたインフラは、国家そのものである。しかし、それを動かす国民はどのようなものかは心底の関心にはなっていない。…ここで確実に言えるのは、自分自身を「国民」といったモデルで考えることは第二次世界大戦以前の「国家主義」への反省と、自分を「自分にとってかけがえのない個人」としてとらえる戦後の「自由」の人生観の狭間に消えてしまっていることである。

　まさにこうした指摘は、これまで論じてきた第 1 章第 6 節「(2)批判と綺麗事に終始するだけのリベラル」、「(3)抵抗（自分事）と調整（他人事）」や第 3 章第 1 節「(2)抵抗の社会保障法学」に相通ずるものである。

　個の自律や個人の尊厳が確立されず、当事者意識や主体性が希薄なままに、他者への関心すらも喪失してしまった（宮台真司の言う「仲間以外はみな風景」）世相観を生み出しているこの国は果たしてどこに向かうのか。そうしたところに、広くは国家存立の基礎を成す、狭くは社会保障制度、さらには日々の生活を成り立たせる自助

　　文化社、2020 年）第 11 章　コラム「日本人の精神性」を参照。
（15）　船曳建夫『「日本人論」再考』（講談社、2010 年）297 頁（初出 2003 年）。

や連帯の感覚、意識が、果たして培われていくものなのか。これが
杞憂であればと願うのが、筆者の偽らざる心境である。

◆ 第3節　統治構造の転換

⑴ リーダーシップを発揮できる統治構造へ

　こうした中、近年、憲法学、法哲学や政治学の分野から、リー
ダーシップの封印構造からの脱却を促すべく、我が国における統治
構造のあり方について、その中心に議会を置く構図から内閣を置く
構図へ、国会におけるコンセンサス形成から内閣によるリーダー
シップ発揮へと、権力を付与する法的枠組の転換を迫る説得力ある
論稿が著されており、注目に値する。

⑵ 憲法学から
a．変換議会とアリーナ議会

　まず予備知識として、議会機能の二類型（変換議会とアリーナ議
会）について概観する。

　変換議会は、社会の様々な要求を法律（政策）に変換することに
主眼を置き、多様な民意を反映した議員によって国民的コンセンサ
スを形成していくこと、換言すれば国民意思に対する応答性を中核
とし、委員会中心主義の下、議員立法の活性化がその目指すところ
となる。典型例はアメリカである。

　これに対するものとしてアリーナ議会があり、これは、与野党が
争点を明示して討議を重ね、次期選挙での国民の支持獲得を目指す
闘技場であることに主眼を置き、政府が作成した法律（政策）案を
基に迅速で効率的な決定を行っていくこと、換言すれば政策決定の
実効性を中核とし、政府は与党と一枚岩の強いものとなり、本会議

中心主義の下、議会における討議、争点明示、政府監視・批判の活性化がその目指すところとなる。典型例はイギリスである。

　統治機構論としてみた場合、変換議会志向は、議会を統治機構の中心に据え、議会制民主主義の復権を目指すものであり、アリーナ議会志向は、政府（内閣、大統領）を統治機構の中心に据え、強力なリーダーシップの発揮を目指すものである。したがって、議会の機能を変換議会に求めるのかアリーナ議会に求めるのかは、政党制や選挙制度のあり方にまで関わってくることになる。モデル的には、変換議会では、国民意思に対する応答性が重視されるため、国民の幅広い民意を忠実に反映する多党制とそれを保障する比例代表制を採ることになる（民意の反映）のに対し、アリーナ議会では、政策決定の実効性（迅速性、効率性）を保障する多数派形成が重視されるため、政権担当能力を保持し、強い政党規律を有する二大政党制とそれを可能とする小選挙区制が採用されることになる（民意の集約）（なお、アメリカは二大政党制、小選挙区制を採っているのに変換議会であり、こうしたモデルに当てはまらないが、それはアメリカにおける政党規律の弱さ（と大規模で高度な専門性を有する議会スタッフ、議員スタッフの存在）に由来するものである）。

b.　国民内閣制論

　伝統的な憲法学では、官僚主導の行政に対する国会による統制の重要性を主張し、国会を変換議会であるべきと解して、変換機能の充実強化を唱える考え方、いわゆる議会制民主主義論が主流であった。こうした考え方に対して、近年、行政国家化の趨勢が避けられない中、「政」を代表して「官」を統制する機関としての内閣の重要性を指摘する議論が登場し、1990年代後半に取り組まれた橋本行革における内閣機能の強化策にも影響を及ぼした。その代表が、

高橋和之による、議院内閣制の直接民主主義的運用を志向する「国
民内閣制論」である(16)。

　国民内閣制論は、いわゆる議会制民主主義論が、戦前から引き継
がれた官僚に支配された行政に対して国会を強化することこそが民
主主義の理念に適合すると主張するのとは異なり、行政国家化の趨
勢の中で、「政」を代表して「官」を統制する機関として内閣を位
置づけ、議院内閣制における「政」の中心を国会ではなく、内閣を
中心に考えるものである。

　すなわち、①政官関係における「与党－内閣－官僚」の中心に位
置する内閣をアクション（特に、政策目標に向かってのイニシアティ
ヴ）の主体として位置付け、選挙において国民が事実上政治プログ
ラムとそれを担う首相を選ぶことで、そこに民主的正統性を与える
こと、②その内閣が、与党の執行部として強力なリーダーシップを
発揮し、官僚を使いこなしながら、マニフェスト（政権公約）に
沿った統治（政策の実現）を行い（アクション）、野党は、国会の場
を中心に、内閣の政策の問題点を指摘し、代替案を提示して国民に
訴え、政権交代の脅威によって内閣の行き過ぎを掣肘すること（コ
ントロール）が、その基本構図となる。そうした国民内閣制の下で
の国会の役割は、政策を決定することにあるのではなく、政府が講
じようとする政策の内容を、長所短所を含めて、与野党間の論争を
通じて国民の前に明らかにし、次期選挙に向けて国民に判断材料を
提供することであり、まさにアリーナ議会となる。

　そして、政治においては、多様な価値観を基礎にする複数の政策
体系から最終的には一つの政治プログラムを選択せねばならない以

---

(16)　高橋和之『国民内閣制の理念と運用』（有斐閣、1994 年）、同『現代立
　　憲主義の制度構想』（有斐閣、2006 年）。

上、その選択権を代表者に委ねず、国民自らに留保するのであれば
（直接民主政。委ねる場合は、媒介民主政）、国民による選択の直前の
段階（選挙時）で選択肢が二つに絞られていることが最適であり
（いずれもが過半数を制し得ない三つ以上の選択肢が存在すれば、過半数
を獲得する政治プログラム及びその担い手の決定は、選挙後の代表者達
の手に委ねられることとなる）、過半数を獲得する現実的可能性を有
する二大政党制となることが求められる。さらに、選挙において一
つの政治プログラムを選択するための多数派形成を重視する観点か
らは、小選挙区制が適合的ということになる（多様な意見を選挙を
通じてそのまま議会に反映させるのであれば、多党制、比例代表制が望
ましいことになる）。

　また、媒介民主政の下では、市民の役割は自らが理想とする政策
プログラムを選択するだけのことであり、困難な多数派形成は代表
者に委ね、その結果に満足できない場合には、代表者の公約違反や
その無能さを批判だけしていれば良いが、直接民主政の下では、市
民は必ずしも自己の理想に合わない政治プログラムを必要な限度で
受け入れる妥協の精神と、自己の選択に責任を負いその失敗を自ら
のものとして引き受ける責任意識とを要求されることとなる。

　なお、高橋自身、国民に、あらゆる政治的争点を自ら決定してい
く時間と能力があるとは思っておらず、重要争点を組み込んだ政治
プログラムの基本的枠組以外は代表者に委ねる以外になく、媒介民
主政との違いは量的なものに止まると述べるとともに[17]、後年、
国民内閣制は、55 年体制の最大の問題を派閥の「談合政治」と捉え、
その克服の処方箋の一つとして唱えたものであるが、もし現在直面

---

(17)　同「『国民内閣制』再論」同『現代立憲主義の制度構想』（有斐閣、
　　　2006 年）91 頁（初出 1998 年）。

している最大の問題がポピュリズム的政治であるというなら（自分は必ずしもそうは考えていないが）、代表者により大きな自律性を許容する媒介民主政的運用をめざすことも選択肢としてありえようと述べている[18]。

c. フォロワーシップの重要性（国民の成熟度）

リーダーシップと相俟った形で、リードされる能力、いわゆるフォロワーシップも重要である。経済学者の猪木武徳は、自分と異なる意見を尊重し、共存する知恵である「統治される能力」について、次のように論じている[19]。

　　統治のリーダーシップはもちろん重要であるが、同じく重要なのは、リードされる能力、あるいは「統治される能力」であろう。リベラル・デモクラシー（自由な民主制）の存立にとって不可欠な条件は、意見を異にする者同士が、共存する知恵をもっているかどうかということである。自分と異なる意見を尊重し、それと共存するという矛盾に満ちたリベラル・デモクラシーの本旨は、もともと自然に反するところがあった。したがってその定着と維持には、意識的努力が不可欠なのである。…「統治される能力」を持つ者の中から善きリーダーが選ばれる。誰もが嘆く昨今の日本の統治機能の不全と「リーダー不在」は、まさにこの「統治される能力」の不足と表裏一体をなす。

---

(18)　同「日本国憲法は『合意形成型』と適合的か―高見教授の批判への応答―」岡田信弘ほか編著『高見勝利先生古稀記念 憲法の基底と憲法論―思想・制度・運用―』（信山社、2015 年）338 頁。

(19)　猪木武徳『自由と秩序―競争社会の二つの顔』（中央公論新社、2015年）75 頁（初出 2001 年）。

こうした議論に関連して、前章第 1 節(1)で紹介したような、日本人は国が万能であることを要求しつつ、傍観者的なままの批判的市民に留まっているとの指摘や、民主主義を支持していながらも、お任せの政治を求め、その上で将来の日本の行く末に不安を持つ結果として、政治に対するスタンスは辛口となるとの指摘[20]が挙げられる。

⑶ 法哲学から

井上達夫は、「法と政治を対象とする多様な分野の研究者（実践家も含む）が、…民主社会における立法システム、特に現代日本の立法システムが孕む問題点を摘出・分析し、その改善のための的確な指針を提示しうる学として立法学を再構築することを目的とした学際的な協働の企て」の必要性を指摘し[21]、法哲学の分野において、立法の正当性（rightness）に関わる正義論を発展させるだけでなく、立法の「正当性」を争い続ける人々もなおその「正統性」（legitimacy）を承認しうるような、立法の「正統性」に関わる法概念論を発展させること、さらにそれを踏まえて法の支配の理念と立憲民主主義を批判的に再編することで、立法の「正統性」を担保しつつ、既存の立法の「正当性」を絶えず批判的に吟味し改良する試みを活性化する立法システムを構築することが、立法理学としての立法学の課題であると述べている[22]（本書は、そうした主張に触発された社

---

(20)　電通総研・池田謙一編『日本人の考え方 世界の人の考え方 Ⅱ　第 7 回世界価値観調査から見えるもの』（勁草書房、2022 年）111 頁〔池田執筆〕。

(21)　井上達夫「『立法学のフロンティア』刊行にあたって」同編『立法学のフロンティア 第 1 巻　立法学の哲学的再編』（ナカニシヤ出版、2014 年）ⅲ頁。

(22)　同「法の〈正当性〉と〈正統性〉」同『立憲主義という企て』（東京大学出版会、2019 年）66 頁。

会保障法を素材とする微力な試みでもある）。

　井上は、政治的影響力を駆使した拒否権の行使によって自らの既得権を擁護することを許容するコンセンサス重視という「反映的民主主義」が、日本の政治・経済・社会の隅々に「無責任の体系」を浸透させており、まず立法過程・行政過程の答責性を明確化するような意思決定のルールを確立しなければならないとして、次のように論じている(23)。

・多様な勢力の包摂とコンセンサスを重視する「反映的民主主義」は、政策的に対立する多様な勢力が「互譲」によりコンセンサス形成する結果として、「足して二で割る、三で割る」式の理念的・機能的整合性の欠損した政治的妥協が行われやすく、それが失敗した場合の責任所在、すなわち「答責性（account-ability）」が、「誰が間違ったのか」という主体的答責性についても、「何が間違ったのか」という主題的答責性についても曖昧化されやすい。

・事実上強い拒否権的権力を行使して必要な改革を挫折させながら、自己の権力性を自覚せず、被規定意識、さらには被害者意識や弱者意識さえもって、自己の権力行使の帰結に対する責任を回避している主体（個人のみならず集団）に私たちの社会は満ちあふれている。一定の閾値以上の組織票に支持された党派が政治的拒否権を通じて、自己の支持団体の特殊利益を既得権として擁護し、そのコストを未組織大衆に転換するということも起こりやすい。

・「批判的民主主義」は、政策的・組織的統合力をもった政治勢

---

(23)　同書 352、67 頁（初出 2001 年、2014 年）。

力（本来の意味での政党）に単独で政権を担当させるとともに、政治的決定に対する政権担当勢力の主体的・主題的答責性を明確化して、政権交代を活性化させ、整合性ある代替的政策体系の間の競争と試行錯誤的実施を通じた政策淘汰・政治的学習を促進することを目指す。そのため、…単純多数決原理（選挙制度では比較第一党優先原理）を擁護するが、「多数の専制」の防波堤として、政権交代活性化に加えて、上院が政治的拒否権を行使できる対称的二院制ではなく、上院が決定を遅延させ熟議を促進する機能を持つ非対称的二院制を確保するとともに、政治過程外部での司法的人権保障の確立強化を求める。

⑷　政治学から
a.　野中尚人

野中尚人は、自民党システムについて、巨大かつ柔軟な党本部組織と膨大な後援会組織を通じて社会の隅々までネットワークを築き、ボトム・アップとコンセンサスを軸とする分権的色彩の強い政策決定システムと、年功に基づく平等な人事システムを組み込んだ組織原理を持ち、官僚機構との共生のメカニズムを通じて形成された巨大なインサイダー政治の体系であるとし、妥協と権力の分割・共有による包摂という原理に貫かれてきたが、それは既に崩壊していると説いている。

そして、今後は、政権の中枢に求心力と決断力・実行力、明快な構想・マニフェストがあり、それがしっかりと国民に説明されるというヨーロッパ標準の議院内閣制を本格的に導入すべきであり、その骨格として、①完全な合意の形成よりも、次の総選挙までという時間を区切った上で多数派に決定と行動の機会を与えること、②第一院である下院と第二院との差別化を明確にすること、③マニフェ

ストと政党の党内ガバナンスのあり方が重要な意味を持つこと、④政府と議会の関係について、政府に一定の主導権を認める体制であること等を挙げている⁽²⁴⁾。

b. 待鳥聡史

　待鳥聡史は、1990年代の小選挙区比例代表並立制の導入について、個別的な利益誘導ではなく、政党間競争を通じた説明責任の確保につながると評価して、次のように論じている⁽²⁵⁾。

・委任と責任の連鎖関係において、政治家や政党の裁量を幅広く認めつつ、政権交代を伴う政党間競争を通じて説明責任を確保しようとする小選挙区制は、民主主義的要素（有権者の意思（民意）が政策決定に反映されることを重視）を重視しておらず、全体として自由主義的要素（エリート間の競争や相互抑制を重視）を強める方向に作用しやすい。有権者から政党や政治家への命令的委任に近く、有権者の意向を忠実に反映した行動をエリートに求める比例代表制は、民主主義的要素を重視していると考えられる。

　両者にもともと優劣はなく、政治に何を求めるのかによって望ましい選挙制度の選択は異なってくる。たとえば、社会文化的亀裂が深刻ならば比例代表制によるマイノリティの包摂が必要だろうし、既得権者の固定化が深刻で政策転換を妨げるならば小選挙区制による政権獲得競争に意味がある。

・小選挙区中心の選挙制度であれば、選挙区の過半数の有権者か

---

(24)　野中尚人『自民党政治の終わり』（筑摩書房、2008年）112、235頁。

(25)　待鳥聡史『代議制民主主義』（中央公論新社、2015年）123、234、237頁。

ら支持を得る政策は個別的な利益誘導とは異なったものとなるであろうし、大政党の公認がなければ当選が困難だから政党規律も強まる。二大政党の競争は政権交代につながり、緊張感のある政治過程となるであろう。

c. お手本となるウェストミンスターモデルとその他律性強化への動き

もっとも、リーダーシップの封印構造からの転換を促す主張は、西欧において、既成の利益団体やマスコミの力が衰退する中、二大政党制が弱体化し、ポピュリズムが台頭している情勢に鑑みると、一見時代に逆行する観を呈していることは否めない。また、その範とする議院内閣制下における政治主導の典型的モデルたるイギリスの議院内閣制、いわゆるウェストミンスターモデル自体が、社会の流動化や政治不信の高まりの中で、内閣の有する権限への制約（議会期の固定と解散権への制約（2011 年に議会任期固定法として成立するも、2022 年に廃止）など）、議会の自律性の強化（省庁別特別委員会の創設など）、多党制への志向（スコットランド、ウェールズ等の議会における小選挙区制の不採用など）、上院の民主化（世襲議員の排除など）といった見直しが進められていることも事実であり、今後の推移を注視していく必要がある。

髙安健将は、そうした見直しについて、ウェストミンスターモデルの基本理念の転換とまでは言えず、二大政党の支持基盤の空洞化、政治エリートへの信頼の低下、政府による政策的失敗が続く中で、権力を分散し、透明性と手続きの明確化を志向して、外部から強過ぎる政府をコントロールしようとするものであると評している[26]。

---

(26)　髙安健将『議院内閣制―変貌する英国モデル』（中央公論新社、2018

そして、集権的な議院内閣制のもとでは弱い野党は決定的に問題であるとともに、議院内閣制が政治エリート主導を擁護できる前提条件は今日失われており、政治指導者が不承不承ながらであれ、自らの手を縛る改革を実行することで、民意に向き合わざるを得ない緊張感が、議院内閣制のバージョン・アップをもたらしうると指摘している[27]。

　こうした評価は、リーダーシップの行使を肯定しつつ、行使に当たっての自制と他律の重要性を説くものであり、改めて次節でしっかりと論じたい。

　いずれにせよ、今後我が国において諸改革を進めていくに当たり、権力付与を規定する法的枠組における理論的モデルとしてウェストミンスターモデルを措定しておくことの有効性は、諸改革が場当たりの継ぎ接ぎ模様となることを防ぎ、全体として整合性の取れたものとするために、未だ薄れていないと言える。その上で、次節では、7年8か月もの長期にわたり「官邸主導」の政治を展開した第2次安倍政権を振り返りつつ、権力行使を巡る自制と他律について考えていくこととする。

◆ 第4節　リーダーシップ行使に当たっての自制と他律

(1) 安倍政権（第2次）の特色

　我が国政治に連綿として続くリーダーシップの封印構造からの脱却を目指して、統治構造の捉え方を、国会におけるコンセンサス形成から内閣によるリーダーシップ発揮を目指すものへと転換し、内

　年）191、201、248頁。
(27)　同書201、273頁。

閣主導の政策本位の政治、決断の政治の実現を目指すべきことをこれまで主張してきたが、国会に多様な民意を反映させ、そこでの丁寧なコンセンサス形成に努めるべきとの考え方が依然学界やマスコミにおいては主流であり、ある意味、それは（理想論、建前論としては）当然のことであろう。

　そして、現実の政治においても、強い内閣が生み出される場面は少なく、内閣の脆弱性ばかりが目に付く光景が日常化してきた。

　そうした状況に、「何とかなる（なるようになる）」との安易な希望的観測、「政治が悪いのは政治家や官僚の責任で、私達はそもそも弱者であり、被害者だ」との希薄な当事者意識、さらにそれをマスコミの論調が増幅する形で、諸改革が遅々として進まないまま、国力の低下や社会経済情勢の悪化を招いているというのが、厳しい言い方にはなるが、我が国の現状ではなかろうか。

　そうした中で、例外的にリーダーシップ発揮の政治が長期間安定した形で展開された例として、小泉政権（5 年 5 か月）とともに、第 2 次安倍政権（7 年 8 か月）が挙げられる。

　そこで改めて安倍政権（第 2 次）の特色を顧みると、以下のように整理できるのではないだろうか（小泉政権については、前章第 3 節(3)を参照）。

　①　「1 次内閣で私と苦しい時間を共有してくれた仲間」[28]で、「自らの返り咲きを実現してくれて、政権の安定性を高める」[29]政治家や官僚による、権力中枢の形成と持続。

　②　（必ずしも大義名分のない）解散・総選挙戦略による、選挙での洗礼（民意の支持）を受けたとする政権正統化の更新。選挙の際

---

(28)　安倍晋三著、橋本五郎聞き手、尾山宏聞き手・構成、北村滋監修『安倍晋三　回顧録』（中央公論新社、2023 年）379 頁。

(29)　同書 212 頁。

の旗印として、国民の審判を仰ぐべきような賛否が拮抗する国政の
最優先課題（本丸）ではなく、目先を変えた熟度が必ずしも高くな
い政策を掲げることで、いわゆる「やっている感」の演出。＝解散
権の駆使

　そして、国民の目から見て政権を託しようのない未熟な野党しか
存在していないという構図が、それを強力に後押し（長期安定政権
の最大の立役者は野党）。

③ そうした政権運営を可能とする有力な手段として、（未熟な野党
の存在と、）内閣人事局を通じた官僚の人事掌握、独立性の高い機
関（日本銀行、内閣法制局、宮内庁、自民党税制調査会、検察庁、最高
裁）への人事介入。＝人事権の駆使

　そうした中で、(i)弱体な野党を相手とする衆参選挙に5回連続
（自民党総裁として民主党からの政権奪還を果たした衆院選を含めると6
回連続）で勝利し、党内での求心力を確保することで、党内からの
不協和音や反発が抑えられ、(ii)官僚等の人事権も掌握し、(iii)マスコ
ミに対しても敵・味方の分断と懐柔をすることによって、権力行使
への抑制機能が働かない環境が形成され（「安倍一強」）、モリ（国有
地売却を巡る森友学園問題）・カケ（大学獣医学部新設を巡る加計学園
問題）・桜（政府主催の桜を見る会への支援者等の招待を巡る桜を見る
会問題）といういわゆる縁故主義に由来する不適正事案に象徴され
る、権力の慢心（緩みと驕り）が現れたところである。

　また、官僚の忖度（官僚の有するべき中立性、自律性の後退）と総
理・官房長官の威を借りたいわゆる「官邸官僚」による各省官僚へ
の直接指示・介入（各省大臣をスルーする指揮命令系統の歪みと、そ
れに伴う責任の所在の不明確化）の相乗作用による、官僚組織の混乱、
疲弊と士気低下は、深刻な様相を呈することとなった。このことに
ついて、牧原出は、官邸官僚による、閣僚抜きの、忖度された「首

相の意向」と個人的好みによる一方的な指示という無責任体制の下で、各省官僚における無気力の蔓延と政策革新能力の減退が生じていると、厳しく指摘している[30]。

そうした官僚の忖度に関して、安倍自身は次のように語っている[31]。

（森友問題再燃、財務省による決裁文書の改竄についての問いかけに対し、）

「この当時、官僚の不祥事が起きると、『官邸一強の弊害だ、おごりだ』とか、『官僚が私に忖度したんじゃないか』と言われました。でも、仮に官僚が忖度していたとしても、忖度される側の私は、分からないでしょう。

そんなに官邸が強すぎると批判するのであれば、ではどうすればいいのですか、と言いたかった。批判していた人は、官邸の力が弱体化し、政治が機能しなくなれば満足だったのですか。私にはまったく理解できません。

私は自民党総裁として 12 年、14 年、17 年の衆院選。13 年、16 年、19 年参院選と、国政選挙で 6 連勝しました。総裁選は 12 年、15 年（無投票）、18 年で勝ったわけです。この九つの選挙で、一つでも負けたら、安倍内閣は終わりだったんです。政権選択ではない参院選だって、負けたら党内で倒されちゃいますから。実際、第 1 次内閣にはそういう側面がありました。選挙で勝利を得るために、官邸主導で政策を推進し、全力を尽くすのは当然でしょう」。

---

(30)　牧原出「官邸官僚が生み出した『無責任体質』」中央公論 2023 年 5 月号 32 頁。

(31)　安倍ほか・前掲注(28) 285 頁。

また、総理秘書官を務め、「官邸官僚」の筆頭と目された今井尚
哉は次のように述べている⁽³²⁾。

　　（「政府内で今井さんに対して独善にすぎるという批判がある。どう
　　感じるか。」との問いかけに対し、）
　　「僕は自分自身が二つの矛盾した役割を担っていると考えてい
　　ます。一つは、政治家の横暴から役人を守ること、もう一つは役
　　人の怠慢から政治家を守ること。政治家は国民に選ばれなければ
　　失業するんですから、常に必死だし、ときに横暴になる。役人は
　　二年ごとに、何もやらなくても出世していきますから、ときに怠
　　慢になる。だから、二つの役割は僕の矜持です」。

　安倍、今井によるこれらの発言について、どう理解し、評価する
のか。このことは、内閣主導下での政官関係がどうあるべきなのか
に関わる本質的な問題である。

⑵　「安倍一強」からの教訓

　こうした「安倍一強」とまで称された第2次安倍政権を振り返る
と、リーダーシップ発揮が無条件に肯定、歓迎されるものではなく、
そこには、権力行使に際しての節度と責任（情報公開に裏付けられ
た説明責任、そして結果責任）、そして健全な野党の存在が肝要とな
ることが改めて明らかになったのではなかろうか。
　すなわち、リーダーシップの発揮が、①国政の最重要課題の解決
に向けたものとなっているか、②剥き出しの権力ではなく、節度と

---

(32)　森功『官邸官僚　安倍一強を支えた側近政治の罪』（文藝春秋、2019
　　年）66頁。

責任を伴った権限の行使となっているか（自制）、そして、③政権交代の可能性への緊張感を醸成できるだけの野党が存在しているか（他律）といった、今更ながらの基本的な論点の省察が求められる。

　③に関して、境家史郎・依田浩実は、1990 年代の一連の改革が目指した権力集中度、政権交代可能性それぞれの高まりについて、前者は狙い通りに変化した一方で、後者はその通りには動かず、その背景には、外交安保、憲法、原発政策といった争点を巡る与野党対立の再イデオロギー化があるとして、次のように述べている[33]。

・憲法問題がビルトインされ、この問題でエリート・コンセンサスを欠く日本政治においては、保守政党が政権担当能力イメージを独占するだけでなく、野党の分断化により、漁夫の利を得て優位政党化する。これが戦後政治における均衡状態である。ゼロ年代における二大政党化は、イデオロギー問題ではなく、体制改革が時代の争点であったことによる均衡からの逸脱であった。しかし、1990 年代からゼロ年代までの「改革の時代」が終わると、保革イデオロギー対立を基調とする戦後政治の地金が再びむき出しになった。
・かくして日本政治は、「改革の時代」を挟み、一周回って元の自民党一党優位体制に戻った。あるいは、小選挙区制において（中選挙区制下より）野党勢力にとって多党化が致命的であるという意味では、ネオ 55 年体制は、旧 55 年体制よりもさらに「優位政党の優位性」が高いとさえ言えるかもしれない。

(33)　境家史郎・依田浩実「ネオ 55 年体制の完成―2021 年総選挙―」選挙研究 38 巻 2 号（2022 年）14、18 頁。より詳しくは、境家『戦後日本政治史』（中央公論新社、2023 年）217、260、277、281、291 頁を参照。

　なお、権力集中度と政権交代可能性の関係について敷衍すれば、政権交代の可能性が低い中では、首相は、自政権維持のため、世論の支持よりも総裁選での党内の支持を固めることを優先し、リーダーシップを積極的に行使することを控え、派閥等党内への融和姿勢を取る可能性も考えられる。

　また、政権交代と社会保障制度改革の関係については、第1章第6節(1)で紹介した宮本太郎による指摘（自民党政権は、本来、保守的、新自由主義的性格を有しているが、政権交代の危機時においては、「例外状況の社会民主主義」として、福祉の機能強化を唱える主張が全面に出る）のように、政権交代の可能性の高まりの中でこそ、社会保障制度改革を巡る政党間競争が展開されるということもまた事実であることを改めて指摘しておきたい(34)。

　最後に、筆者が有するこうした課題認識について、林知更は次のように明快に整理している(35)。

　　かつての政治改革の目的は、中選挙区制における分権的な政党構造を前提に経済成長による利益分配に最適化された政治スタイルを脱して、政権交代可能な政党システムの中から国民の負託を受けた政府のリーダーシップを実現するという点に求めることができるが、こうしたいわゆるウェストミンスター・モデルに指導された諸改革の帰結が、民主党政権の終焉とその後の自民党政権の過剰な安定化という形で我々の眼前に明らかとなり、二〇一〇年代はこうした「決定」重視の諸改革が行き着いた帰結への幻滅

---

(34)　宮本太郎『貧困・介護・育児の政治』（朝日新聞出版、2021年）10頁。
(35)　林知更「議院内閣制における議会の『審議』と『決定』」公法研究83号（2022年）177頁（筆者一部改編）。

や批判が顕在化した時代でもある。

　「質の高い審議に基づいて、必要な決定を遅滞なく行う」という規範的に魅力的でかつ現実性を持った新たな政治像が容易に発見されないことが、最近一〇年ほどの困難の重要な原因を成している。

　一九九〇年代前後の議論がより良き権力構成のあり方（「決定」）を中心に展開したとすれば、その挫折の中で改めて権力制限の語彙（「統制」や「対抗権力」）が浮上しているのが現在の状況である。

　なお、林は、その解決策を巡り、憲法学が新たな規範的政治像を容易に見出しかねているとしつつ、学際性などの見地から政治学や実務との協働を重んじる近時の傾向が何をもたらしうるか興味深いとも述べている。

⑶　「相互的寛容」と「自制心」

　「安倍一強」からの教訓として浮かび上がる権力行使に際しての節度と責任を考えるに当たっては、共和党が急進化する 1980 年代からトランプ大統領の誕生に到るアメリカでの民主主義の衰退を論じたスティーブン・レビツキー、ダニエル・ジブラット（濱野大道訳）『民主主義の死に方　二極化する政治が招く独裁への道』（新潮社、2018 年）が参考になる。

　歴史をとおして、アメリカの抑制と均衡のシステムはきわめてうまく機能してきた。…民主主義がもっともうまく機能し、より長く生き残るのは、憲法が成文化されていない民主主義の規範によって支えられているときだ。…まずひとつは「相互的寛容」－競い合う政党がお互いをライバルとして受け容れるという理解

◆ 第二部　社会保障制度を巡る政治的決定の過程（プロセス）

（政治家みんなが一丸となって意見の不一致を認めようとする意欲）。
もうひとつは「自制心」－組織的特権を行使するとき、政治家は
節度をわきまえるべきであるという考え（制度をコントロールす
る側になったときに、それを利用して党にもっと有利な状況を作りた
いという衝動の抑制。たとえそれが厳密には合法であっても、制度上
の特権を目いっぱい利用したりしないこと）。(26、133、137頁)

　こうした「相互的寛容」に関連して、林知更は、政党間における
政権獲得を巡る競争や選挙による政権選択と、個別具体的な政策課
題に関する審議の充実や協調と妥協（多様な意見・利害からの合意形
成プロセスの合理的組織化）とを使い分ける政治的成熟を政党が獲得
しうるかどうか、そして、協調と妥協の側面が成立するためには、
党派の違いを超えて政治家同士の間に、経験によって築かれた成熟
と信頼関係が存在することが前提になる旨を指摘している(36)。
　また、「自制心」に関連して、村松岐夫は、官僚は専門的な見解
を、政治の側の主張に抗して述べ、政策の適切さに貢献できるか、
それは、官僚の側の専門的見解についての自信と身分に保証された
勇気が必要であり、他方で、政治の側の自己抑制が必要であるが、
官僚が専門的見解を脇へ押しやり、政治家が自己の好むパーソナリ
ティーを自在に服従させようとするとき、公務員の政治的中立性は
危機に陥ると述べ(37)、野中尚人は、近年の公務員制度改革によって、
任用・人事に関する政治関与を伴った融合体制への変化（政治的中
立性と応答性のバランスという観点から見ると、後者の方へかなり強く

---

(36)　林知更「議院内閣制―法と政治の間で」南野森編『憲法学の世界』（日
　　　本評論社、2013年）66頁。
(37)　村松岐夫「各国の比較から見た幹部公務員制」人事院『人事院七〇年
　　　人事行政の歩み』(2018年) 491頁。

傾斜）と、実質的な身分保障レベルの低下（旧来型の天下りが、「官」のシステムとしては完全に否定）という二重の変化が起こり、残された大きな課題は、強い権限と影響力を持つことに見合った「政」の側の自己抑制と責任の原則の確立であると指摘している[38]。

⑷　あるべき姿としての内閣主導

更に政治主導の具体的な形態を論じるに当たっては、「与党・政治家主導」は論外であるものの（とは言え、政治家の間ではいまだに根強い捉え方である）、「総理主導」（小泉政権）、「官邸主導」（安倍政権（第2次））、そして本来の「内閣主導」のいずれであるべきかの考察が重要となる。

中北浩爾は、第2次安倍政権の官邸主導について、それまで6代にわたり不安定で弱体な短命政権が続いていたことを考えると、強力で安定した政治的リーダーシップが生み出されたこと自体は、高く評価されなければならないとしつつ、本来は内閣主導であるべきだとして、次のように評している[39]。

　　第2次安倍政権の官邸主導には、影の部分も少なくなかった。人事を用いた各省庁の官僚のコントロールが、霞が関に歪みを与えたという批判だけではない。各大臣の発言権が著しく低下し、重要な政策の立案や調整が首相官邸に担われ、憲法上、行政権を有するはずの内閣が空洞化した。

---

(38)　野中尚人「比較政官関係論からみた日本の公務員制度」村松岐夫編著『公務員人事改革―最新 米・英・独・仏の動向を踏まえて―』（学陽書房、2018年）322頁。

(39)　中北浩爾「官邸主導 強力で安定したリーダーシップの条件」アジア・パシフィック・イニシアティブ『検証 安倍政権　保守とリアリズムの政治』（文藝春秋、2022年）146頁。

　日本経済新聞編集委員等を経験した清水真人の以下の指摘も、小泉政権とそれに続いた第１次安倍政権、福田政権を比較した叙述ではあるが、今日改めて玩味する必要がある[40]。

　　官邸主導とは、「お友達」を周りに並べたり、有識者会議をむやみにこしらえることを意味していない。議院内閣制の政治主導とは首相が選んだ大臣たちによる「内閣チーム」が指導力を発揮することであり、大臣を通じて各省を統制し、官僚をとことん使いこなすことだ。もちろん、政治が官僚を叩くばかりでは政策決定は進むはずがない。…官邸主導を意識するあまり、官邸に立てこもって「お友達」や身内のスタッフ、有識者相手に指示をいくら飛ばしてみても、大臣たちが動かなければ霞が関も動かない。

　さて、相互的寛容と自制心の観点から、第２次安倍政権は、どのような評価となるのであろうか。そして、そこから、付与された権力を行使するに際してどのような具体的教訓が得られるのであろうか。

(5) リーダーが備えるべき徳
　さて、こうした節度と責任（まさに自制）と、政権交代の可能性への緊張感を醸成できる野党（野次、野合の「野」ではない）による実効的な牽制（これが他律の最たるもの。もう一つは、司法消極主義と評されがちな司法による違憲審査）は、どのような法的枠組として規定されるべきであろうか。その意味で、統治機構に係る規律密度が薄い現行憲法や憲法関連法規において、解散権の制約や国会運営に

---

(40)　清水真人『首相の蹉跌』（日本経済新聞社、2009 年）360 頁。

おける少数会派の権能（いわゆるヴィスコシティ（viscosity））の拡大をどう扱っていくべきかといった議論の活性化が期待されるところである[41]。

　もっとも、そうした節度と責任（自制）は、法的枠組を整えれば済むといった次元の問題で終わる話ではなく、そもそも民主主義国家におけるリーダーたるものが本来備えるべき民主主義への敬意という精神（品性）の次元の問題であり、まさにリーダーが備えるべき徳そのものが問われるということではなかろうか。

　小泉政権の評価を巡っては、「強い首相」を生み出す要因が制度的基盤にあるのか個人的資質にあるのかの議論が展開され、小泉政権以降は短命政権が続いたことに鑑みると、制度的基盤だけではなく、権力闘争を戦い抜く中で鍛え上げられる人心掌握を含めたしたたかな人事・組織論（論ではなく、術とでも呼べようか）に裏打ちされたリーダーシップという個人的資質も不可欠であることが明らかになっている。節度と責任（自制）を考えるに当たっても、同様の構図の下、リーダーの個人的資質が問われるということである。

---

(41)　同『憲法政治―「護憲か改憲か」を超えて』（筑摩書房、2022 年）298 頁を参照。

おわりに

　さて、本書は、社会保障制度を巡り、①政治的決定の内容（コンテンツ）における自助と連帯を論じることに始まり、②-1 政治的決定の過程（プロセス）での権力付与におけるコンセンサスとリーダーシップを経て、②-2 政治的決定の過程（プロセス）での権力行使における自制と他律を説くことを以って終わることとなる。

　構成員の同質性を所与の前提とした社会、さらには国家という共同体における全会一致のコンセンサス型意思決定が、共同体の形成・維持に当たっての基本原理となる自助と連帯の調和を図りつつ、その存立と発展を保障できていた時代から、価値観やライフスタイルの多様化と格差の拡大、固定化が進み、異質な構成員によって共同体を組織し、意思決定を行わなければならない時代へと転換する中で、果たしてコンセンサス一辺倒の手法で、自助と連帯の調和に支えられた平和で安定した共同体の存続が図られるのか。そこでは、自制と他律を組み込みつつ、リーダーシップの行使を正面から認めることが求められるのではないか。本書の問題意識は、繰り返し述べてきたように、ここに存する。

　これまでの同質性を前提とした共同体秩序が揺らぐ中で、多様な自律した個を前提とする新たな共同体秩序（組織の編成と運営を巡る原理）の模索が続くこととなるが、その際に忘れてはならないの

は、そこに生きる構成員一人一人の倫理が問われ、また、それに
よってこそ支えられる共同体秩序であるということである。

　政治のあり方を考えるに当たっては、その出発点に国民一人一人
の様々な人間観、人生観、処世観があり、その主体的積み重ねと国
民間の相互作用の中から、どういった社会、国家を作り、担ってい
くのかという社会観、国家観、そしてそれらに裏打ちされた諸制度
が生み出されることとなる。

　その構図（個人−社会−国家）は、一見シンプルに映りはするが、
その実践は、自己決定と他者との調整、妥協という試練の連続であ
る。しかし、それをひたむきに実践していくことは、人権が保障さ
れ、自由を享受、謳歌して、かけがえのない自己の実現を図ってい
くために、共同体を構成する一員として、そして、民主主義国家に
おける主権者たる国民として、厳しいながらも背負わねばならない
責務であり、運命である。今まさにこの国には、このことへの深い
洞察と自省が求められている気がしてならない。

　本書がこれまで論じてきた（政治的決定のコンテンツの一つたる）
社会保障にせよ、（政治的決定のプロセスたる）政治過程にせよ、そ
れらはいずれも、自律した個、連帯の基盤となる共同体、そしてそ
の両者の関係性について、正面から問うことに他ならないのである。

あとがき

　2018年に内閣府が実施した日本、韓国、アメリカ、イギリス、ドイツ、フランス、スウェーデンの計7か国の満13歳から満29歳までの男女を対象にした『我が国と諸外国の若者の意識に関する調査』によれば、「自国の将来は明るいと思いますか」、「今の自国の政治にどのくらい関心がありますか」、「将来の国や地域の担い手として積極的に政策決定に参加したい」のいずれの質問においても、「暗い、関心がない、そう思わない」と「どちらかといえば暗い、どちらかといえば関心がない、どちらかといえばそう思わない」を合計した割合が最も高くなっているのが日本であり、2013年調査と比べてその割合も増えているとのことである。

　我が国の将来を担う世代が、国際比較において、こうした悲観的な見立て、消極的な姿勢を最も有していることに、暗澹たる思いを抱かざるを得ない。

　しかし、だからこそ、こうした状況を改善、打破して、若い世代に託していく地道な取組こそが切に求められるところであり、そうした危機意識、また微力を承知で申せば責任意識が、前著及び本書の基点となっている。

　本書を締め括るに当たり、本書執筆の機会を与えてくださった菊池馨実・早稲田大学法学学術院教授と執筆への激励を続けてくださった信山社の今井貴さん、稲葉文子さん、そして今井守さんに、厚くお礼申し上げる。

【主要参考文献】

〔第一部〕

岩村正彦「社会保障法と民法―社会保障法学の課題についての覚書―」中嶋士元也先生還暦記念編集刊行委員会編『労働関係法の現代的展開―中嶋士元也先生還暦記念論集』（信山社、2004 年）

内田貴『法学の誕生―近代日本にとって「法」とは何であったか』（筑摩書房、2018 年）

宇野重規『日本の保守とリベラル　思考の座標軸を立て直す』（中央公論新社、2023 年）

太田匡彦「リスク社会下の社会保障行政（下）」ジュリスト 1357 号（2008 年）

太田匡彦「対象としての社会保障―社会保障法学における政策論のために―」社会保障法研究創刊第 1 号（2011 年）

笠木映里「［基調報告］憲法と社会保障法―対話の新たな地平」法律時報 1091 号（2015 年）

蒲島郁夫・竹中佳彦『イデオロギー』（東京大学出版会、2012 年）

蒲島郁夫・境家史郎『政治参加論』（東京大学出版会、2020 年）

菊池馨実「社会保障と社会保障法学の課題と展望」同『社会保障の法理念』（有斐閣、2000 年）

菊池馨実「実定法学としての社会保障法―『社会保障法』を刊行して」『書斎の窓』636 号（2014 年）

島崎謙治「社会保険の原理と意義」河野正輝・中島誠・西田和弘編『社会保障論〔第 3 版〕』法律文化社、2015 年）

髙橋和之「『戦後憲法学』雑感」『現代立憲主義の制度構想』（有斐閣、2006 年）

髙原基彰『現代日本の転機　「自由」と「安定」のジレンマ』（日本放送出版協会、2009 年）

橘宏樹『現役官僚の滞英日記』（PLANETS、2018 年）

林香里『メディア不信　何が問われているのか』（岩波書店、2017 年）

平野浩『有権者の選択：日本における政党政治と代表制民主主義の行方』（木鐸社、2015 年）

福武直「社会保障の課題と将来」、「社会保障と社会保障論」同『社会保障論断章』（東京大学出版会、1983 年）

水島治郎『ポピュリズムとは何か』（中央公論新社、2016 年）

宮本太郎「生活保障の新しい戦略」同編『生活保障の戦略―教育・雇用・社会保障をつなぐ』（岩波書店、2013 年）

宮本太郎『貧困・介護・育児の政治』（朝日新聞出版、2021 年）

森口千晶「日本は『格差社会』になったのか：比較経済史にみる日本の所得格差」経済研究（一橋大学経済研究所）68 巻 2 号（2017 年）

湯浅誠「社会運動の立ち位置　議会制民主主義の危機において」世界 2012 年 3 月号

〔第二部〕

安倍晋三著、橋本五郎聞き手、尾山宏聞き手・構成、北村滋監修『安倍晋三　回顧録』（中央公論新社、2023 年）

池上嘉彦『「する」と「なる」の言語学―言語と文化のタイポロジーへの試論―』（大修館書店、1981 年）

池上嘉彦「表現構造の比較―〈スル〉的な言語と〈ナル〉的な言語―」國廣哲彌編『日英語比較講座第 4 巻　発想と表現』（大修館書店、1982 年）

池田謙一編著『日本人の考え方 世界の人の考え方　世界価値観調査から見えるもの』（勁草書房、2016 年）

伊丹敬之『よき経営者の姿』（日本経済新聞出版社、2007 年）

井上達夫『立憲主義という企て』（東京大学出版会、2019 年）

猪木武徳『自由と秩序―競争社会の二つの顔』（中央公論新社、2015 年）

井堀利宏・土居丈朗『日本政治の経済分析』（木鐸社、1998 年）

大嶽秀夫・野中尚人『政治過程の比較分析』（放送大学教育振興会、1999 年）

加藤周一「日本社会・文化の基本的特徴」加藤周一・木下順二・丸山真男・武田晴子『日本文化のかくれた形』（岩波書店、2004 年）

加藤周一『日本文化における時間と空間』（岩波書店、2007 年）

河合隼雄『中空構造日本の深層』（中央公論新社、1999 年）

北岡伸一『明治維新の意味』（新潮社、2020 年）

京極純一『日本の政治』（東京大学出版会、1983 年）

京極純一『日本人と政治』（東京大学出版会、1986 年）

久米郁男「竹下登―保守党政治完成者の不幸」渡邉昭夫編『戦後日本の
　　宰相たち』（中央公論新社、2001 年）

後藤田正晴　御厨貴・監修『情と理　下―カミソリ後藤田回顧録』（講談社、
　　2006 年）

境家史郎・依田浩実「ネオ 55 年体制の完成―2021 年総選挙―」選挙研
　　究 38 巻 2 号（2022 年）

境家史郎『戦後日本政治史』（中央公論新社、2023 年）

佐々木毅「首相公選制論と現代日本の政治」大石眞ほか編著『首相公選
　　を考える　その可能性と問題点』（中央公論新社、2002 年）

篠原一『日本の政治風土』（岩波書店、1968 年）

清水唯一朗『原　敬』（中央公論新社、2021 年）

新川敏光『田中角栄―同心円でいこう―』（ミネルヴァ書房、2018 年）

高取正男『日本的思考の原型　民俗学の視角』（筑摩書房、2021 年）

高橋和之『国民内閣制の理念と運用』（有斐閣、1994 年）

高橋和之『現代立憲主義の制度構想』（有斐閣、2006 年）

髙安健将『議院内閣制―変貌する英国モデル』（中央公論新社、2018 年）

中北浩爾「官邸主導　強力で安定したリーダーシップの条件」アジア・
　　パシフィック・イニシアティブ『検証 安倍政権　保守とリアリズム
　　の政治』（文藝春秋、2022 年）

中島誠『立法学〔第 4 版〕―序論・立法過程論―』（法律文化社、2020
　　年）

野中尚人『自民党政治の終わり』（筑摩書房、2008 年）

野中尚人「比較政官関係論からみた日本の公務員制度」村松岐夫編著
　　『公務員人事改革―最新 米・英・独・仏の動向を踏まえて―』（学陽書
　　房、2018 年）

林知更「議院内閣制―法と政治の間で」南野森編『憲法学の世界』（日本
　　評論社、2013 年）

林知更「議院内閣制における議会の『審議』と『決定』」公法研究 83 号
　　（2022 年）

平山和彦『伝承と慣習の論理』（吉川弘文館、1992 年）

船曳建夫『「日本人論」再考』（講談社、2010 年）

牧原出「官邸官僚が生み出した『無責任体質』」中央公論 2023 年 5 月号

待鳥聡史『代議制民主主義』（中央公論新社、2015 年）

丸山真男「日本の思想」同『日本の思想』（岩波書店、1961 年）

丸山眞男「歴史意識の『古層』」同『丸山眞男集 第十巻』（岩波書店、
　1996 年）

丸山眞男「政事の構造―政治意識の執拗低音」同『丸山眞男集 第十二巻』
　（岩波書店、1996 年）

三谷太一郎『日本の近代とは何であったか―問題史的考察』（岩波書店、
　2017 年）

村松岐夫「各国の比較から見た幹部公務員制」人事院『人事院七〇年
　人事行政の歩み』（2018 年）

森田朗『会議の政治学』（慈学社出版、2006 年）

森田朗『会議の政治学 Ⅱ』（慈学社出版、2014 年）

レビツキー，スティーブン、ジブラット，ダニエル（濱野大道訳）『民主
　主義の死に方　二極化する政治が招く独裁への道』（新潮社、2018 年）

事項・人名索引

事項・人名索引

著者紹介

中 島　誠（なかじま・まこと）

1960 年　兵庫県生まれ
1984 年　東京大学法学部卒業後、厚生省入省
　　　　大臣官房企画官（人事・省庁再編担当）、健康局生活習慣病対策室長、大
　　　　臣官房参事官（健康・医療保険担当）、国土交通省住宅局住宅政策課長、
　　　　障害保健福祉部企画課長、内閣府子ども・子育て本部審議官 等を務め、
2020 年　退官

　　　　この間、2001 ～ 04 年　九州大学大学院法学研究院助教授（立法学、社
　　　　会保障法）に出向し、その後、一橋大学大学院法学研究科客員教授、筑
　　　　波大学大学院人間総合科学研究科客員教授、筑波大学法科大学院非常勤
　　　　講師、早稲田大学大学院法学研究科非常勤講師 等も経験

〈現代選書〉

社会保障と政治、そして法

2024（令和 6）年 4 月 30 日　第 1 版第 1 刷発行

著　者　中　島　　誠
発行者　今　井　　貴
発行所　信山社出版㈱

〒113-0033　東京都文京区本郷 6-2-9-102
Tel 03-3818-1019　Fax 03-3818-0344
笠間来栖支店　〒309-1625 茨城県笠間市来栖 2345-1
Tel 0296-71-0215　Fax 0296-72-5410
笠間才木支店　〒309-1600 茨城県笠間市才木 515-3
Tel 0296-71-9081　Fax 0296-71-9082
出版契約 2024-3438-1-01011　Printed in Japan, 2024

ⓒ中島誠 印刷・製本：藤原印刷 p.176
ISBN978-4-7972-3438-1 C3332 ¥2400E 分類012-010-002

JCOPY 〈(社)出版者著作権管理機構 委託出版物〉
本書の無断複写は著作権法上での例外を除き禁じられています。複写される場合は、
そのつど事前に、(社)出版者著作権管理機構（電話03-5244-5088, FAX 03-5244-5089,
e-mail: info@jcopy.or.jp）の許諾を得てください。

◆ 法律学の未来を拓く研究雑誌 ◆

社会保障法研究／岩村正彦・菊池馨実 編集

憲法研究／辻村みよ子 責任編集

　　〔編集委員〕山元一・只野雅人・愛敬浩二・毛利透

人権判例報／小畑郁・江島晶子 責任編集

メディア法研究／鈴木秀美 責任編集

行政法研究／行政法研究会 編集

民法研究 第2集／大村敦志 責任編集

民法研究／広中俊雄 責任編集

消費者法研究／河上正二 責任編集

環境法研究／大塚直 責任編集

医事法研究／甲斐克則 責任編集

国際法研究／岩沢雄司・中谷和弘 責任編集

EU法研究／中西優美子 責任編集

ジェンダー法研究／浅倉むつ子・二宮周平 責任編集

法と哲学／井上達夫 責任編集

法と経営研究／上村達男・金城亜紀 責任編集

法と社会研究／太田勝造・佐藤岩夫・飯田高 責任編集

法の思想と歴史／石部雅亮 責任編集

法と文化の制度史／山内進・岩谷十郎 責任編集

 信山社

相談支援の法的構造—「地域共生社会」構想の理論分析
　／菊池馨実　編著

ブリッジブック社会保障法(第3版)／菊池馨実　編

社会的人権の理論 ― 社会保障と人権に基づくアプローチ
　／秋元美世　著

参加・貢献支援の社会保障法 ― 法理念と制度設計
　／西村　淳　著

トピック社会保障法（2024第18版）
　／本沢巳代子・新田秀樹　編

〈概観〉社会保障法総論・社会保険法　（第3版）
　／伊奈川秀和　著

変わる福祉社会の論点（第3版）
　／増田幸弘・三輪まどか・根岸忠　編著

プラクティス労働法（第3版）／山川隆一　編

◆ 信山社ブックレット ◆

女性の参画が政治を変える ― 候補者均等法の活かし方
　／辻村みよ子・三浦まり・糠塚康江　編著

求められる法教育とは何か／加賀山茂

個人情報保護法改正に自治体はどう向き合うべきか
　／日本弁護士連合会情報問題対策委員会　編

情報システムの標準化・共同化を自治の視点から考える
　／日本弁護士連合会公害対策・環境保全委員会　編

AIと分かりあえますか？ ― ブラックボックスが生まれる
仕組み／渡辺　豊・根津洸希　編

＜災害と法＞ど〜する防災シリーズ〔土砂災害編/風害編
地震・津波編/水害編/火山災害編〕／村中洋介

【自治体の実務 1】空き家対策 ― 自治体職員はどう対処
する?／鈴木庸夫・田中良弘　編

━━━━━━ 信山社 ━━━━━━

現代選書シリーズ

未来へ向けた、学際的な議論のために、
その土台となる共通知識を学ぶ

信山社